戏我两忘

金谷 著

中国戏剧出版社
CHINA THEATRE PRESS

图书在版编目（CIP）数据

戏我两忘 / 金谷著. -- 北京 : 中国戏剧出版社,
2019.8
ISBN 978-7-104-04842-8

Ⅰ. ①戏… Ⅱ. ①金… Ⅲ. ①金谷－自传 Ⅳ.
①K825.78

中国版本图书馆CIP数据核字(2019)第151494号

戏我两忘

责任编辑：肖　楠
责任印制：冯志强

出版发行：中国戏剧出版社
出 版 人：樊国宾
社　　址：北京市西城区天宁寺前街2号国家音乐产业基地L座
邮　　编：100055
网　　址：www.theatrebook.cn
电　　话：010-63385980（总编室）
传　　真：010-63383910（发行部）

读者服务：010-63381560
邮购地址：北京市西城区天宁寺前街2号国家音乐产业基地L座

印　　刷：北京顶佳世纪印刷有限公司
开　　本：787mm×1092mm　1/16
印　　张：15.75
字　　数：230千字
版　　次：2019年8月　北京第1版第1次印刷
书　　号：ISBN 978-7-104-04842-8
定　　价：128.00元

戊寅棟書

离却了峨眉到江南——《白蛇传》
人生在世如春梦——《贵妃醉酒》
成败兴亡一刹那——《霸王别姬》
悟妙道好一似春梦乍醒——《天女散花》
可知我一生儿爱好是天然——《牡丹亭》

摄于苏州艺圃

目录

登台篇

自觉篇

传播篇

序

我很犹豫写这本书，这只是对现阶段认识的描述，能讲出来的话注定会有错误和纰漏。可是，不说出来又不能分享，所以只好“明知不可为而为之”，这大概是所有分享者都要面临的问题吧……

我看到的美是一轮满月，试着朝她指去，望观者“循指觅月”，莫“以指为月”。事实上，这轮满月就在每个人的心中。

在我刚遇到戏的时候，就爱上了她，毫无理由地投入其中，学到第五年，才慢慢看见“戏”的面目，随之而来的发现是：从来都不知道“我”是什么，因为我一直困囿在一个“小我”之内，不见“我”的全貌，浑浑噩噩。之后开始在“戏”里寻“我”，蓦然发现“戏”与“我”是同一件事，结果常不知是“我”唱“戏”，还是“戏”唱“我”。当我极力想搞明白这些问题的时候，又走向了一条新的道路——灵魂凭借着我的肉体在时间这张纸上描绘着一幅叫作生命的画卷，而着墨与留白的功夫，是要伴随着生命的延伸一直被学习和践行的。

走了很多弯路的我，现在看起来多么幸福，这正是“曲则全，枉则直”，这些弯路保护了我，也给了通往喜悦的最好积累。众多风格迥异的戏曲老师们不断否定我、迫使我归零的同时，我又经历着数码程序的逻辑思维，以及动画电影的天马行空，最后是古圣先贤的无边智慧。正是这些看似风马牛不相及的事物，帮助我看见了“万物一体”的事实。

人生需要这些弯路，弯路就是捷径！

几年的教学工作让我变得如话痨一般，然而提起笔来，却是另一件难事。书，常常写不下去，因为会走到“死胡同”，每当这个时候，只好搁笔，开始生命画卷中的“留白”部分——去做点“浪费时间”的事情。我想“浪费时间”也是在写作，因为“留白”也是画里的重要部分吧！

别人的“戏我两忘”是戏我合一的顶级境界，我的“戏我两忘”可能是脑子懵起来不记得戏该怎么唱，不知道我是谁了……顶级的文化不可思议，毕生努力未必能达到。憋了半年，这本书终于要跟大家会面了，就在文字领域自欺一下，或许都算不得沧海一粟，权且抛砖引玉，望更多的人能走进中国传统文化的神奇世界，寻觅和收获喜悦，文中不到之处，还请各位方家指正。

金谷

2018 年 12 月 20 日

习艺篇

资不可少，学乃居先。

师傅领进门

百闻不如一见，百见不如一学，百学不如一排，百排不如一演，百演不如名师指点……

不用！

第一次到梅研会（梅兰芳艺术研究会）那天，天气响晴，大家围坐在会议桌旁，喝茶，翻看谱子，最右边坐着一位神采奕奕的白发老先生，正在教大家唱《太真外传》，每个人唱过以后都要走到老先生的身边问其不到之处，先生一一告知。大家告诉我，他是梅兰芳时代的京剧老前辈，关于戏，任何问题都可以问他。这就是陈宝贤先生，也是我的第一位老师。

陈老师已是耄耋之年，却还常常骑着自行车到各处教戏。记得第一次去他家学戏，他到弄堂口来接我，只觉得他脚底生风，我竟要小跑着才能跟上他老人家。我问的第一个问题就是："为了嗓子，是不是要忌口？"老人笑笑，说："不用！想吃什么就吃什么！"在之后的问艺中，常常很多问题的回答都是："不用！"

一个刚陷入爱，一个爱了一辈子了。战战兢兢的我，举重若轻的他。

他教给我真正的爱是："无为无不为！"

九十大寿以后，老人越来越瘦，每次见面都忍不住要拥抱，而他最关心的是“演出了吗？”先生九十四岁那年，我在北京办专场演出，已瘦成了一把骨头的陈老，毅然亲临剧场，用被褥垫在座位上坚持看到了演出结束。

不久，老人就去世了。去世前交给我一盒自己用过的头面，并嘱咐希望我多演出。

从来不知道他的离开让我难过那么久，我描述不清内心失去的东西，只知道他带走了那个属于男旦的辉煌时代。

青年时期的陈宝贤先生

陈宝贤先生在民国时期的剧照

我十几岁时与陈宝贤先生

陈先生八十岁精神矍铄

陈宝贤先生在民国时期的剧照

艺无技不惊人

路大东老师，这是一位要强的表演艺术家。她是干家务都要跑着圆场的人。她总说：“艺无技不惊人！”她的每出戏，都要有绝活儿。

她很在乎观众的反应，因为她的生命一直活在舞台上。即便收我做徒弟的时候也是在台上，那是她舞台生活五十周年的庆典。当天她演《穆柯寨》，当路老师掏着长长的翎子，在【四击头】的锣鼓里冲到九龙口亮相的一刹那，勇猛神气的穆桂英形象从空而降，年过花甲的她好像变成了十几岁的潇洒女英雄。跑圆场的时候身后的四个靠旗，依然是纹丝不动。【点绛唇】唱完之后，她忽然背过身去，鼓点儿随之急促起来，懂行的观众看出来她要来一个下腰的动作，都在小声嘀咕着：“路老师是不是疯了？”我也紧张起来，然而她的技巧完成得非常圆满，从侧腰下到中腰，手里掏着的两根翎子几乎贴到台毯上，一时满场喝彩。

路老师很忙，隔很长时间才会给我上一次课。她只在看到我进步的时候，才教新东西。戏路子拉下来后，她的口头禅就是：“美一点，再美一点！”她喊的时候，也比画着示范，那表情比谁都美。我被要求对着镜子练表情，俨然要疯魔的时候，才悟到“相由心生”的意味。那头顶虚空、嘴角上扬、舒眉眯眼的“似笑非笑”，要想做好，前提是心里要美！

站得越高越孤独，晚年的路老师试着去分享她的艺术，虽然有教无类，但实在知音难觅。

路大东老师与著名小生马玉琪先生合作《白蛇传》

路大东老师十五岁在《回荆州》中饰演孙尚香

路大东老师自幼随其父著名武生路凌云先生习艺

我与路大东老师合影

路大东老师六十多岁演出少女时期的穆桂英

没有它你永远是野路子

安徽省艺校的徐向荣老师，单纯善良，为人谨言慎行，总是表现出很难相处的样子，也是她保护自己的方式。帮我们排节目的时候，跟我很客气，从来不提我艺术上的问题。

我不断虔诚地向她请教，终于她表示愿意帮我："路老师教你的戏，我不能给你提意见，但是你可以来艺校旁听我的基功课。"就这样，我成了省艺校的编外旁听生，也是第一次接触"学院派"。

"一嗒嗒，二嗒嗒，三嗒嗒……"那里都是各种基本功和行当的身段训练组合，教学方式借鉴了舞蹈。我跟一群小不点儿的孩子们一起，学了很长一段时间。离开安徽的前一天，在省艺校的操场上，徐老师教了我长水袖的技巧，这在我后来做动画片《嫦娥》时，派上了很大用场。"这些都是你以后创作用的笔画，没有它你永远都是野路子。"徐老师谨慎地说，"我教你这事儿，别告诉路老师。"

如今徐老师已经退休，她把几十年教学积累的经验写成了一本书《戏曲旦角身段教程》。

我演出后与徐向荣老师合影

忘掉之前学的

我在水碓子练功的时候，顾淑英老师在那打把子。她不爱交际，很有“精神洁癖”，人前话很少，不苟言笑。半年多我们也没互相说过话。

有一天，我练完《别姬》的剑舞，一位姓于的先生走过来说：“你这好多地方都不到位呀！回头你看看顾老师的舞剑。”我走过去请教，顾老师稍有笑容但很认真地说：“我一直在看你练功，条件很好，但有些动作不规范。”后来才知道顾老师是京剧世家，她的梅派戏基本都是梅兰芳京剧团的路子，脸皮厚的我当即就提出想跟她学戏。顾老师说：“我看你一直很认真，也没有什么男旦的毛病，那你周末学校没课的话到长椿街找我吧。”

顾老师收学生的标准跟别人不同，瞧着顺眼才教，在水碓子的半年就算是对我的考验了，所以即便记不住我的名字，也算收了我这个学生。第一次去学戏，是在长椿街的一个小公园里，她教我《天女散花》中长绸舞的基本动作。后来起风没法练了，她说：

“谷金，回家吃饭吧，你叔叔做了牛肉。”

从那天开始，我这个穷学生在北京便有了周末加餐的地方。顾老师总说：“你在外面上学不容易，就把这儿当家，想吃什么就跟你叔叔说。”

吃完饭，顾老师忽然又绷起脸来，她跟我约法三章：

“第一，不准混梨园圈，以免沾染习气。

第二，忘掉之前学的，从零开始。

第三，上课不准录音录像，课后也不准看其他人的录像，包括梅兰芳的。做得到我就教你，做不到就拉倒。”

这些话我当时不解，但是做到了。心想，做不到的话，不但戏没得学，牛肉也没得吃了。

跟顾老师学戏，她的表情会严肃得让人害怕，她说：“你拿出去的东西一定要很专业！做到了你就出师。”那几年我停下了所有的演出，学的戏，只有她点头以后，才能公演。

所有老师里面，只有顾老师教戏的时候上手打过我，而教我戏最多的也是顾老师。

顾淑英老师教我《穆桂英挂帅》中的动作

顾淑英老师扮演的樊梨花

YES

顾淑英老师在庙台演出时拜观音

在温州演出的时候条件很艰苦，吃饭住宿都在后台，顾淑英老师演完青衣还要赶妆演武生

三四分就够了

我十几岁的时候参加了一个全国比赛，拿了金奖，安徽省梅兰芳艺术研究会的老会长顾关炳先生拨通了梅兰芳弟子李毓芳的电话，向她介绍我的情况，并让我跟这位艺术家讲话。我不知道那天说了些什么，只记得李老师很强调地说了两遍："你来学，我不要钱！我要把梅老师的艺术传下去。"

当我见到李老师的时候，有点诧异，她是一位坐在轮椅上的白发老太太，之前电话里明明是声音甜美的妙龄女郎，很惊叹戏曲发声能够使人的嗓音这样长久地保持年轻。她是我至今认识的所有艺术家里，嗓子最棒的一位，虽已耄耋之年，一般的歌者却唱不过她。

"唱之前，唱中间，刚唱完，一律不准喝水，也不准清嗓。一次连着吊两三出。"她说她的嗓子是功夫嗓——主要是后天练出来的。她教戏从来不分析，就让我录一遍她的干唱，就再也不教了。

唯一的学习方法就是，待在她身边，不停地观察她怎么唱念。

以至于我最后把摄像机架到她对面，推上大特写，拍她唱念的口型，逼问她每个字共鸣的位置……

有一天，我唱完之后，她说：“你的嗓子好极了，别使那么大劲儿，三四分就够了，要劲儿的时候给个五六分，非得奔下‘好’的地儿，用七八分准行了。”

表现不同的人物时，李老师的发声与运气方法明显不同，而她的声音可以从丹田到百会，从胸腔到头腔全程无阻，音色随之变化万千。我觉得神奇极了。她的父亲当年给王瑶卿先生拉胡琴，所以她所学的歌唱方法是正儿八经的京朝派。

她九十岁以后，身体难以支撑她接待那么多慕名而来的拜访，她在电话里用依然甜美的声音对那些陌生人说：“来拜访我可以，但是有个门槛，交五百块钱。”自那以后门可罗雀。过了两年她被隔离在重症监护室，病房里她唱着《贵妃醉酒》：“去也，去也，只落得冷清清独自回宫去也……”

李毓芳老师八十八岁生日

青年时期的李毓芳老师

李毓芳拜师梅兰芳

李毓芳老师扮演的海瑞夫人

李毓芳老师扮演的虞姬

你是小生

白先勇先生来北大排《牡丹亭》，没有柳梦梅，问我："你愿意学吗？请青春版《牡丹亭》的男主角俞玖林先生教你。"

几个月的时间，学一个新行当，紧急得很。俞老师第一次教，我第一次学，我们都没有经验。教得很快，我记得也不慢，只不过所有动作我都是通过旦角的范儿做出来的。于是，教戏变成了改范儿，这样一来更费劲了。

几次课下来，老师很灰心，郑重地要求我："现在起，不准练习和使用旦角的所有功夫，至少在演小生期间！"功夫都"废"掉，自然学得慢了，一切又从头开始。然而慢，就是快！

"别怪我严格，汪世瑜老师教我的时候从没夸过我！"他严格到其他组的老师都觉得课堂气氛降到冰点。我只好在梦里都继续练习……

某天，一个旦角组的女孩因为练不好哭了，俞老师说："你是小生，你中午留下来陪她聊聊，帮帮她。"类似的事成了"课后作业”。

就这样一直到彩排前，他终于小声在我耳边说了一句：“放开演，现在剧组里你最有戏。”我有点不太适应，觉得这话有些不真实，但却很受用。

俞玖林老师说：“你自己就是小生”

白先勇老师正在介绍我们创作的漫画版《牡丹亭》

俞玖林老师为我扮戏后合影

北京大学百年讲堂演出前候场

《惊梦》里我扮演柳梦梅，杨楠楠扮演杜丽娘

使劲儿!

老师们都亲切地称刘京久先生为大刘，他的老师是梅兰芳先生最后的琴师姜凤山老人，我请刘老师为我伴奏吊嗓。他痴迷京胡，而且专门拉梅派戏。

我们每周见一面，不间断唱三个小时。

他的胡琴声儿大到能传到小区外头去，一来我受不了，二来怕扰民，于是跟他商量:“刘老师，咱们可以在琴筒里塞些棉花吗?”他瞪大了眼睛盯着我说:“那还练个屁啊!你的唱，得盖过我的胡琴声儿!”

我只好专门收拾出一个房间，在里面放满了被褥和杂物，关上门窗，请刘老师移驾“吸声房”。即便这样，拉长过门儿的时候我也要跑出房门来待一会，耳朵受不了。

“过去的角儿没有六字调，就没资格上台，你必须给我唱六字调!”

为了锻炼我的高音，他总是趁我不注意的时候紧轴子提高调门儿，几出戏唱下来早就超过六字调了。我有时候觉得不对劲，就问："刘老师，这什么调门儿？"他十分得意地坏笑一声："嘿嘿……"

那段时间我觉得我像个运动员，不像个歌者，为了锻炼我的劲头，他时不时地大声喊道："使劲儿！使劲儿！"知道的是唱戏，不知道的，还以为那屋里生孩子呢。

刘老师与我父亲年纪相仿，至今单身一人。因他不会做饭，每次吊嗓子必留他用晚饭，此时是他最高兴的时候。最后一个不变的节目总是："金谷，你把那点剩的菜根儿兑上水，我要喝了它。"

刘京久老师（右一操琴者）为我伴奏《苏三起解》

学源不学流

记得那天唱完《会审》，杜近芳老师用小嗓跟我说：“你不错，我愿意教你，你唱高音的时候把气沉下去，会更好。你还会什么戏，走给我看看。”

她的脚肿着，走路要人扶，当我走完《贵妃醉酒》的身段，她忽然站起来，不让扶着，边说边讲解起来。好像在那一瞬间她的脚好了。她说戏的时候陶醉极了，自个儿还不时笑出声来。她说：

“梅先生没有废步，一步能到的绝对不多上半步。”

“有些地方我跟他不一样，我跟我师父（王瑶卿）说：‘他是男的我是女的，我不应该跟他一样的学法’我师父说我是个怪鸟！”

“王老（王瑶卿）有句话‘学源不学流’。我记一辈子。”

过几天我再找她，她忘了我是谁，我只好如此这般再介绍一遍，她又从头介绍她在法国演出的辉煌，依然陶醉极了，好像她又站在舞台中央，满堂的法国观众在喊着："安考！安考！（再来一个）……"

在杜近芳老师家

杜近芳老师早年饰演的虞姬

杜近芳老师在法国演出的海报，她被誉为“东方皇后”

不练就他妈抽抽

我请叶黛珠老师帮我介绍一位武旦老师，大家都觉得我疯了，竟然想学武戏。

于是我认识了北京戏校最好的武旦老师——罗惠兰，她七十多岁，个儿不高，可她是一位真女侠。

她上下打量着我，说：“你先坐边上看看吧。”看了几次课她发现我还照去，并没有打退堂鼓的意思，她便教给我基本的腰腿功，让我跟着她的学生上一边练去，练得有多费劲大家都看在眼里，就我自己不知道，稍微有点进步还乐滋滋的……

练了一个多月，我有事停了一周没去。再去的时候，罗老师惊讶地笑着说：“我当你不来了呢！你怎么还来啊，你还练哪？”我说：“练啊！”从那天起罗老师开始教我《扈家庄》。

某日，一学生从我们上课的教室门口过，伸头往教室瞄了一眼，撞上罗老师的眼睛，就要溜。“站住！”罗老师叫住这学生：“你把《扈家庄》的头场走给他看看！”那学生乖乖进来走了一遍，罗老师瞪着她："都还给我了。没练吧？不练就他妈抽抽！滚！"那学生一转身就溜了。那天开始我不敢不好好练了。

罗老师说："我年轻的时候同事躲着我，怕我拽他们陪练；后来学生躲着我，怕练。不练就没有真功夫，琢磨别的邪门歪道都没用。我这人简单，沾枕头就着，连梦都不做。"

不出够了汗水，什么都练不出来

罗惠兰老师在示范动作

北京照相 1981

罗惠兰老师在《白蛇传 · 盗草》中扮演白素贞

这是 1976 年罗惠兰老师在京剧《挡马》中扮演的杨八姐

角儿得讲究

陈正薇老师十六岁就住进梅家，成了梅兰芳最小的弟子，跟梅葆玖一起学戏。

我们在澳门的一次演出中认识，工作之余我就去她住的房间叨扰，给她看我所有的演出录像，她一点一点地纠正细节，所有的言语之前都要加上一句“梅爷爷是这么演的”或者“梅爷爷是这么跟我说的”。

后来我去南京看她，就住在她家附近的宾馆，每天下午登门请教。她教戏客气极了，不断强调：“说的不一定对，供你参考。”她从化妆、梳头、服装到道具，都要一一做详细的要求。说动作时，她不用示范，直接告诉你哪个部位打开哪个部位收拢，只要按照她说的做，立马就见效。

“你的每一个动作要经得起琢磨，如雕塑一般，精确到太阳穴、眉眼、嘴角、手指和脚趾，另外棚内拍照时需要专人帮助整理衣纹。在台上的举手投足，处处见细，角儿得讲究！”

每次道别时，她的话都不变："身体最重要，要学梅爷爷的艺术，更要学梅爷爷的做人！"

陈老师听说我要去欧洲演出《天女散花》，便把她以前演出用的长绸送给了我，嘱咐我好好发挥。也不知是因为陈老师把这幅绸子用顺溜了，还是这份期许和祝福给了我无穷的力量，我拿着它来演这出载歌载舞的戏，似乎比以前轻松了很多！我跟陈老师说："您这绸子带着仙气，我真的太幸运了！"她听我这么说，笑得像个孩子一样，连忙摆手道："胡说！胡说……"

在澳门永乐戏院与陈正薇老师和她的女儿陈咪

金谷先生　雅正

热爱梅派艺术
弘扬发展，谢谢！

陈正薇敬赠

2014—6 澳门

陈正薇老师赠我著作《天女散花》扉页题字

这是在比利时皇家学院，用陈正薇老师赠我的绸子演出《天女散花》

你不读书，没文化

我进北大的时候，北大学子大都在沉迷于社会交际，做学问的人不多了。在北大教了二十多年戏的张卫东先生最终决定放弃北大了。他问我："你在戏曲圈都认识谁？有学戏的小伙伴吗？"我说："我谁也不认识，就认识教我的老师。""那你没有感染源，以后我只教你。"

接下来十年里，张老师先后对我说：

"你处处都到位，看来真练了，所以你处处都不到位。"

"你不读书，没文化。"

"你离'唱不好戏'还远着呢！"

"你最大的缺点是不爱动笔。"

他的粉丝一开始自称"东粉"，因为张老师总是公开地针砭时弊说损话，就改成"冬笋（损）"了。他不但损别人、损他的学生，也损自己！唯一不损他的老师们。在北大听讲座的人鱼龙混杂，多数都是喜欢在互动的环节崭露头角。只要有人试图表现自己的才华，提出自认为高级的问题来刁难张先生，其结果必然是被解答得颜面无存、后悔莫及。那些博士生或教授拿着录音笔来听课，回去翻为文字就发表成论文了，事后就表示不认识张卫东。

他不用手机，主要联络靠电子邮件。很幸运，张老师只比我大十九岁，能一直写邮件损我到终老啦。

张卫东老师与北方昆曲剧院最后一位男旦演员马祥麟先生

张卫东先生在家中

在比利时画家彭玫玲老师家中，张卫东老师说：“我坐后面脸小点儿！”

第一次演出《春香闹学》，张卫东老师为我把场

张卫东老师与我在《寄子》中扮演一对父子

很好，这就是修行

孟军老师从北京电影学院调到北大上第一次课，我提前去教室的时候他已经坐在讲桌上跷着二郎腿等着了。我帮他把黑板擦好，投影接好，告诉他同学们一般都会迟到。他记住了我。

他是暑假后的那个学期去的，所以没有研究生可带，除了上课没什么事。只要他来学校就会骑着摩托到我的宿舍楼，大喊一声："金谷！"我答："在！"他便回我说："讨杯水喝！"放下摩托，进屋来一坐就到天黑。"学戏的孩子正！我跟你聊聊天。"他跟我讲人性和佛法，分析当时所有的社会热点事件。他是一位散打出身、修禅宗的动画导演。

每次他跟我说的佛教名词因为是梵文翻译过来的，我一个都记不住，但是他说没关系，你能听懂就达到目的了。他教我打坐，但是那个时候我做不好，于是他问："你唱昆曲的时候要不要想下一句词或者动作？"我答："不会去想。"接下来的对话是：

"那么你在想什么？"

“我没有想什么，就是唱昆曲。”

“很好，这就是修行。你不用打坐了。”

毕业很多年以后我去北大看他，跟他提及我在从事戏曲文化传播，分别的时候他握着我的手说：“你搞清楚自己为什么喜欢戏，就会知道该怎么传播这门艺术了。”

孟军老师在带我们拍电影

艺痴者技必良

[illegible]

修行在个人

一天不练自己知道，两天不练老师知道，三天不练观众知道……

闹鬼

小时候，一到夏天，每天洗完了澡钻进蚊帐，凉快极了，床铺就像一个围着纱幔的舞台，凉席就是台毯，把被单子披在身上，拖在胳膊上，舞得大汗淋漓。我并不知道那是戏服的雏形，更没想到多少年以后，会跟水袖这玩意儿打起交道来。

十六岁那年我上大一，从黑色的高考时光走过来，终于有时间可以好好学戏了。

“做件长袖的褂子，唱戏用的！”我这样跟菜市场的缝纫阿姨描述着，兴奋地递给她刚刚买到的布料：一幅墨绿色的化纤被面子，还有一块被布行老板称作最重的白色布料。缝纫的阿姨接过布料愣了一会，立马又很自信地说：“没问题，明天来拿，先交二十块钱。”算上布料，我一个月的生活费没了。第二天，幸福地拿到了人生第一件水袖练功服。

那件练功服的水袖料子是买的最重的白布，抖起来真是不听话，不过呼啦哗啦的响动还真是“痛快”呢！有了水袖，练功喊嗓，总要穿上，我就像小孩有了新衣服一样高兴。随着练功场地的更换，这件水袖飘扬在学校的操场、实验室走廊、小树林等各个角落。他们说学校闹鬼，没错，就是我！

虽然那件练功服的料子都不对，但是那奇怪的练功服用好了，正规戏服的水袖就好抖多啦！三年后，一位叫作沈杰的戏友为了鼓励我，送给我一件果绿的褶子，衣服边上还贴着梅花绣片，水袖是“杭纺”的正规布料。那天我郑重地把我之前那件被面子水袖“过继”给了一个刚学戏的师弟，果绿的褶子就作为练功水袖一直用到现在。

很多人可能觉得水袖舞出来的各种眼花缭乱的技巧最难，其实不然，真正难的是，在一出戏中，无论动作有多细碎，水袖能整齐地待在手腕上。

练过的人都知道因为水袖下半部分是裁开的，所以只要稍不注意，它就会滑下来。有很多出了名的演员常常一整出戏唱下来，水袖都没抖上去过，或是因为不断整理水袖而游离于剧情之外。老师要求不能只在用水袖的时候，才想起来水袖，真正要练的是：不用水袖的时候，它也在我们的控制之中。这样的劲头光听老师说或者看别人的录像是学不会的，只有跟水袖练成一体，才能像控制我们的手指一样控制它。所以在最开始学戏的时候，哪怕动作很少的文戏，练唱的时候也要穿上水袖。

家里人说我这么大的时候就会甩起毛巾跳舞

这件绿色的褶子陪了我十几年

就像大姑娘的辫子，水袖是戏曲里最美的一部分

嗓子破了

学戏的时候我已经住校了，吊嗓子很成问题，如果不是室友们都爱我包容我，我想早就放弃唱戏这件事了。每天尽量劝他们同一个时间去吃饭，这样我就能有个独立空间唱一会，或者在他们戴着耳机，游戏玩得正高兴的时候，用喇叭放着伴奏唱一会。那几年知道自己是个奇葩，可是爱戏太强烈，以至于什么都不在乎。

“唱”这件事情真的是很奇怪，不管唱得多好，只要是几天不唱，嗓子就生、不那么听话了。起先没有找到对的发声方法，小男孩火气又大，唱不好就一遍一遍努着劲儿唱，那一天为了唱好一个高音，《凤还巢》的原板唱到第四遍了还是不行，忽然觉得喉咙里腥气得很，问室友为什么我觉得嘴里有腥气，他想了想忽然大吼道：“天哪！你嗓子破了！快别唱了！”我吓坏了，立马歇了。还真怪了，从那天以后高音上去了。

后来，总结这些历程，那会儿害怕唱坏嗓子，不敢努劲了，放松以后气反而顺了，高音自然上去了。“善歌者必先调其气”，呼吸本是一件自然的事情，如果刻意为之，反而不顺，所以后来顾不得雾霾天还是晴天，吸气都像“闻花”那么享受，就能放松而自然了。长期喊嗓练声要求达到“打远儿”的效果，意思是声音在空间上传得远，这也是在没有扩音设备的时代，戏曲之庙台艺术的根基所要求的。同时一个歌者的方法对了，才能完成长时间连续的歌唱内容，歌者的艺术生命也会长久。

丝竹伴奏的昆曲演唱

“丝不如竹，竹不如肉。”乐器之所以不如歌唱，是因为歌唱是有字的，而乐器只有声。那么字是骨头，声是肉，声裹着字就是中国的歌唱。呼吸顺了，就要练咬字的嘴型和共鸣的位置了，老办法就是对着镜子看表情和嘴型，对着城墙或者水面唱，听声音回响到自己的耳朵里。程砚秋先生以前在家里放一个木架子，木架子上面横放一个小缸，与他嘴的高度一致，这样他在家里就对着这个缸练他的声音。现在条件好了，有比这些更好的办法就是唱的时候自拍录像，这样不会产生对工具的依赖性，因为在表演的时候往往没有这些辅助工具，而这种依赖性就会成为我们的累赘。

字正腔圆以后就要练感情表达，这才刚刚到演戏的层面，在唱之前需要一个对角色当时心情的理解，心里有了，眼睛会体现出来，这时候，从吸进第一口气就开始体现剧中人的气质了。练习完整的唱腔时，只有以情带声才能抑扬顿挫，富于感染力。

“唱”戏，首先一点就是“唱”，可想而知要想练好，这期间得“祸害”多少同学、朋友和家人……怪不得上学的时候，只要我演出，我的室友们、同学们都要去捧场，他们叫好、鼓掌比谁都欢实。大家跑到后台含着眼泪抱住我说：“好像你是我们培养出来的一样呢！”

上学的时候，每次演出，同学们都开心得不得了

我以为

一到晚上，校园里的操场上有跑步的，练球的，耍单杠的，还有坐在草坪上谈恋爱的，最早的时候我每天晚上去那练功：跑圆场、压腿、涮腰、卧鱼、舞剑……

大家都在忙自己的事情，可是总觉得大家都在看我这个奇葩，想象自己是在万众瞩目的舞台上练功，于是圆场急于跑快，基本前脚还没落地又起一步，最后成了后脚跟在跑，以至于每一双被我跑坏的球鞋都是后跟破一个洞，那样练出来的圆场既不轻松，还会上下颠。其他基本功也是只求耍宝，心从来就没有静下来，所以收效甚微，而且毛病一堆，简直丑到老师都不想教我……

学动画导演的时候，系里有间画室将近一百平方米，冬天有暖气，夏天有空调，那间教室没课的时候就锁着，总想如果我能在那练功多好啊！系秘书管着画室的钥匙，她很年轻，爱睡懒觉，所以上美术课的时候，总是一堆同学在走廊里等着她来开门。

琢磨了好些天，终于鼓起勇气去找她。“你看，我来帮你管钥匙，只要是有事，都是我替你去开门，保证绝对不会误事儿，这样你就不用为了上课提前上班开门，晚上也不用等下课锁门了！”她听完这些话，眼睛忽然亮了不少，然后又立马绷起脸说：“那你可不能误事儿，误事儿我要倒霉的，东西丢了要找你的！一个骷髅架子、一个投影仪！”我连忙拍胸脯点头，她把钥匙交给我的时候，俩人都高兴地笑了起来。

练功这件事也是要风水的，起码说，尽量不被打扰，才更容易静下来去专注。有了那间画室，我简直是如鱼得水。每次去练功，我拿上涮好的拖把和大音箱，关上教室门放上音乐，手里握着拖把跑圆场，等跑遍教室，就把地拖干净了，于是一个干净的练功房准备好了，那儿简直就是天堂。

每天练功都是重复的事情，但是正是“重复”，让我进步。那时候我以为可以下腰就能演虞姬，可以卧鱼就能演天女，我以为有嗓子就可以唱青衣，有圆场功就可以演花旦，这些狭隘的、单纯的“我以为”鼓励着我不断地“重复”基本功而毫不觉得枯燥，因为我坚信这些技巧练好了，戏就能唱好了！

《天女散花》中的卧鱼动作

虞姬剑舞的下腰动作

不想唱了

学戏的时候，每次课我能多学就多学，我觉得自己吸收得很快，全然不知“进锐则退速”的道理，就那样囫囵吞枣地学了很多戏。

在一次展示后，老师青着脸说：“你离‘唱不好戏’都还早着呢！你学的这点东西什么也不是！”对于一个想急切实现价值的年轻人来说，这跟晴天霹雳没什么两样。我跟自己说：“我爱戏，但是戏并不爱我，我不想唱了！”于是，把跟戏有关的东西都收到柜底，再也不愿意唱戏。

有几年被推荐去中国京剧艺术基金会，参加京剧传承与保护工程的具体工作，负责摄制国家京剧院一批国宝级老艺术家的谈戏说艺纪录片。跟老人们相处的那段时间，求知欲再一次燃烧起来，每天缠着他们问个不停，最后甚至在他们面前唱起来，那段时间对于我而言太难忘了，那些老人里有导演、编剧、演员、乐队、衣箱、作曲等各个领域的顶尖专家，我庆幸极了，不但免费上了

“大师课”，还拿工钱。

此时，我开始相信戏是爱我的，不是“单相思”。也相信老师的话，我的确是“唱不好戏”的资格都还不到，那些老艺术家都还在学习提高，我又有什么好气馁的呢?

第一次觉得，我并不懂戏，有什么资格爱她呢?更加没有资格要求戏爱我，比起那些毕生为之付出的老艺术家，我为她下的那点功夫算不了什么。检讨自己，一直是用戏来找开心，而不是为戏真正地付出。我看见一个可怕的自己——一个不懂爱的人。

再一次鼓足干劲去弄戏的时候，开始做自己的剧团，一边演出一边练习，吃了不少的苦头，才觉得之前真的不够努力。后来不管怎么下功夫，都觉得自己是最不努力的人，即便每天忙到夜里，躺到床上，还要盖着被子背戏，搓扭得床单都成团了，再也没闲工夫嫌弃练功场地小了……

人难免会贪心，贪心就容易气馁，气馁了就会停下来。有人把这叫作瓶颈期，这是极不好受的日子，不至于每个月都有那么几天，但隔段时间就会来。我总是安慰自己：“这就是要进步了，黎明前总是极黑暗的！”

有时候真觉得唱戏是一件吃力不讨好的事情

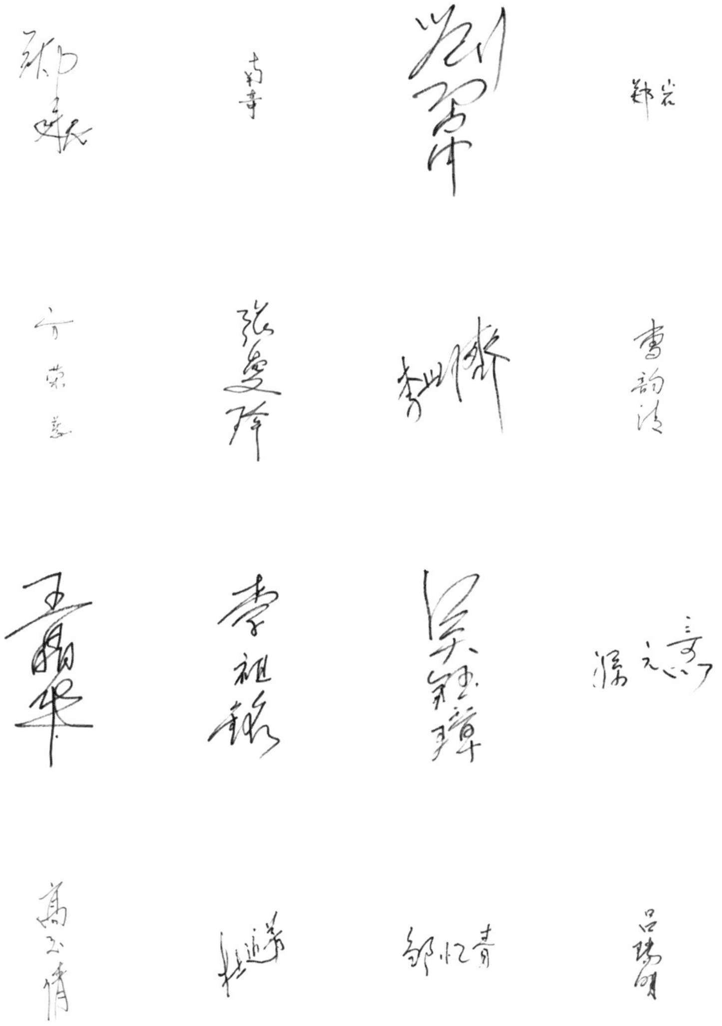

老艺术家们给我留的纪念签名

功在戏外

有个朋友开瑜伽馆，她总觉得课程里缺少气息的训练。跟她去教室里一看：教练很放松，可是学员都憋着气在生掰自己的身体，好像在跟自己那不听话的筋骨做强烈的对抗，最后不是锻炼得出汗，而是自己跟自己急，急出了一身汗……

那段时间正在练《扈家庄》，我感到自己常常也跟那些学员一样，自己跟自己较劲，进步很慢。当时就打算要研究这个瑜伽气息训练的课程，请她找了一本关于瑜伽气息的书。通过阅读学习后，我惊讶地发现瑜伽气息原理与戏曲运气很相近。在那一瞬间我认定了所有的唱念做打都需要气息的控制，重新审视自己练过的基本功和剧目，原来所有声音、形体的美妙变化都来自气息的消长。

把戏曲里接近瑜伽风格的动作集合在一起，结合呼吸，开发了一个名叫“气韵形体”的课程，带着瑜伽馆的学员们逐渐实践起来。练了一段时间，所有人的反馈和自己习练的感受就是：身体的任何动势，都是在自己内心极度安静的情况下，才能被控制到最佳的状态。

内心的安静成了新的课题。难怪老先生们总说“功在戏外”，到了某个瓶颈期，的确就是要“破”了。那些日子张卫东老师的古文课程很密集，跟着老师真正走进“四书五经”的大门时，忽然发现上了十几年学的自己基本就是个文盲。专业书本上是技术，而国学经典上是智慧。有了智慧，心才会静，心静了才会气顺，气顺则一切顺，从而有更多的智慧。

有一天我去上古文课，穿了一件对襟盘扣褂子，肩膀处单接袖子的改良做法，一到那就被张老师看见了，说：“你今儿怎么穿了件假的？”戏服以及中式服装裁剪都是连肩袖的平面裁剪，单接袖子是西方的裁剪方式，这样会在肩膀处拱起一个方角，对以前的中国人来说，似乎这样就不顺了。这些都是中国人生活里的细节，老先生们总说：“一个生活中气都不顺的人，还怎么能把戏唱好呀！”

气韵形体——腰部拉伸

气韵形体——扇子组合

气韵形体——卧鱼拉伸

好友司军伟送我的画作《贵妃醉酒》

登台篇

纸上得来终觉浅，绝知此事要躬行。

练死了，演活了

小时候我问陈宝贤老先生，梅派的《贵妃醉酒》到底是什么样的？陈老先生笑着说：“梅先生学的是路三宝的花旦路子，可是他演到路三宝满意的水平之后，就慢慢改了，即便到晚年，每次演出也都不一样。那么你学的是为了方便传承而设定的一个所谓规范路子，你要练死了，但是演出的时候你得演活了。”

“载营魄抱一能无离乎。圣人抱一为天下式。昔之得一者，天得一以清，地得一以宁，神得一以宁，谷得一以盈，万物得一以生，侯王得一以为天下贞，其致之。”我们的“一”就是从师父那里学来的“规范路子”，这是起点，是得到的本源，也就是“体”。所以要把它“练死了”、掌握住，有了它我们就能“一生二，二生三，三生万物。”这就是“用”。而“用”就是“变”，所以陈老先生说“演活了”。

“变”有两层意思：第一，不能如走过场一般卖弄技艺，要在程式表演中注入表演者所能体会到的角色灵魂，这时虽然路子没变，而味道却随着表演者的境界而变；第二，面对具体的情况，规矩是可以破的，以保证演出的视听或思想的完整性。

没有规矩就没有自由，这两者是一元的。而规矩只有符合“道”，才能称得上是“体”，从而实现“用”，达到自由的境界。比如“把子”的功夫，学的时候老师就一直强调，所有的道具或兵器在舞蹈中尽量贴着身子走，所有的动作要圆。到了台上就会发现，这样的讲究在舞台调度中保护了搭档，也是保护了自己。所谓：“曲则全，枉则直。”，这就是戏之“道”。

《贵妃醉酒》中“望月”的动作

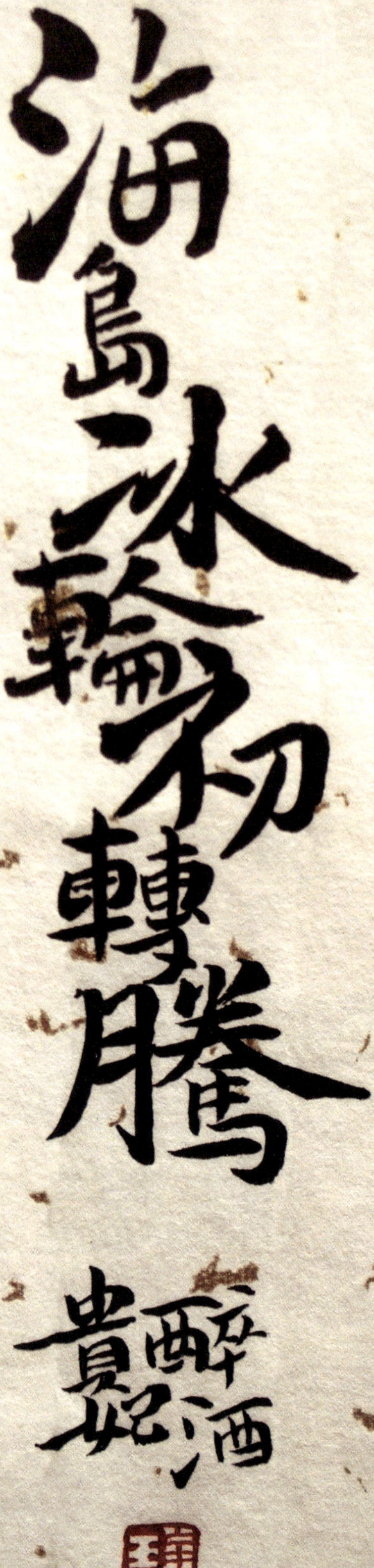
海島冰輪初轉騰
貴妃醉酒

《贵妃醉酒》剧照

兴奋害人

某次演出的现场观众非常热情，我兴奋极了，以至于手里的折扇在不经意间掉落了。那天台毯很厚，折扇掉落没有任何响声，所以直到想举起折扇的时候，才发现手里早就空了，可是后面还有大量的扇舞动作。这晴天霹雳一般的事故，让我顿时从兴奋中清醒过来。这时候设法让自己冷静下来，借着所有可以垂眼皮的表情在台上寻觅折扇，幸好折扇落在离我不远的地方，只好若无其事地继续我的表演，紧接着一个落花式的动作救了我。我站在折扇旁慢慢蹲下去，用水袖做着落花的样子直到盖住折扇，极力用面部表演的夸张吸引观众的注意力，同时手在水袖的下面把折扇捡了起来，这才完成了那天的演出。虽然大部分观众毫无察觉，但对我来说这场演出是失败的。

演出与练习完全是两码事，到了台上是在千百双眼睛的注视下，在炙热炫亮的灯光照射下，在戏服行头的裹挟下，完成人物的塑造。这一切都是需要用平和的心态去把控，过于兴奋会失去该有的火候，酿成无法收拾的事故。只有让内心保持宁静，才能表演好剧中人该有的“兴奋”，才能应付一切无常的变化，才能在舞台上把每一个细节做好。

前辈们总说“戏”就是“细”，所谓“见小曰明”，细节呈现决定了一个作品的高度。就像前面说过的水袖问题，杜丽娘在台上如果水袖总是凌乱地反挂在手上，那她这个闺秀与婢女就没有区别了。然而再有功夫的演员也不能保证水袖永远不掉下来，这个时候就需要“破”了，即在合适的时机取消个别动作，取而代之的是，将凌乱的那条水袖在节奏中抖下，再重新将其整齐地抖到手上，从而保证闺秀的基本形象气质。类似这种动作不算是戏中身段，而是杜丽娘本人的下意识动作，因为她需要自身形象的整洁，而不只是把舞蹈做完。在杜丽娘而言，尊严应比作诗更重要些罢。

第一次上台只记得这样的灯光，怎么唱下来的完全不知道

最高级的表演

我不小心把心爱的茶碗摔裂了，只好去找锔碗的师傅。没想到老师傅妙手回春，用两排铜锔子把裂缝绑上，不用胶水，锔好的茶碗也滴水不漏，而且更添意趣了。这让我想起了一个梅兰芳的“演出事故”。

有一次，梅兰芳在演《白蛇传·断桥》时，他演的白蛇恨许仙对她的背叛，指责许仙的时候，用手戳一下许仙的额头，没想到那天梅兰芳因为太入戏而用力过猛，扮演许仙的俞振飞没有防备，被戳以后没稳住重心，眼看就要往后倒下去。梅兰芳连忙扶住俞振飞，可是马上又想到白娘子还恨着许仙，又把他推开。这样一个下意识补救失误的动作获得了满堂的喝彩，竟成了后来所有演出的标准版本了。

在梅兰芳的身上，“体”与“用”都已经融为一体。而演员与角色也融为了一体，这样的自由境界下，一切都是流露出来的，而不是表演出来的了。张卫东老师说：“最高级的表演，是一般的人看着很简单自然却学不会的玩意儿。”所谓“大音希声，大象无形”，就是将本体无痕迹地做了妙用，这就达到了“无为而无不为”的境界。

梅兰芳扮演白娘子，俞振飞扮演许仙，梅葆玖扮演小青

美是合适

刚开始演出旦角的时候，我的妆面都是底彩很白，腮红很红，黑眉毛加上小红嘴。慢慢地其他人的底彩越来越黄，腮红越来越淡，嘴唇越来越丰满，很是时尚。这时候就有人问我：“人家都往漂亮了化妆，为什么你相反？”

当时也在想，为什么不让化妆“漂亮”点呢？

传统戏曲旦角的妆扮叫作俊扮：上油彩、贴片子、梳大头，这与勾脸谱的净行是一个美学体系的，所以旦角的妆面也是一种脸谱，只有夸张的浓妆艳抹才能与花脸和谐搭配。近些年，旦角容妆开始吸收影视化妆的技巧，越来越自然、淡雅，的确让旦角“时尚”了很多，但是漂亮的假睫毛、性感的厚嘴唇以及五颜六色的眼影把我们的旦角都塑造成了酒吧女郎了，与古典女性的娟秀气质有些违和。真正的美是合适，而不是广义上的漂亮，我们“宁拙毋巧，宁丑毋媚”。

还有一件事，我印象很深，某次我演的旦角是个暴发户，上台前我带了一个水钻的戒指，一位小生演员跑过来在我耳边十分善意地提醒说:“过去的大角从来都不戴戒指的，那样才有范儿。”

京剧发展到后期，把流派和角儿的重要性放在了“道”之上，开蒙的孩子就开始学流派，第一次登台就要讲究派头，这些叫作旧戏班的“习气”。所谓“习气”就是一点点积累起来并迷失在其中的不良习惯。这样的派头背“道”而驰，自然难成大器。京剧教育家王瑶卿说，“学源不学流”，讲的就是艺术规律中本与末的关系。那么戴不戴戒指不是取决于自己的分量，而是要符合剧中人的气质。

“君子乐其道，小人乐其欲。以道制欲，则乐而不乱；以欲忘道，则惑而不乐。”道为本，欲为末，而漂亮和范儿都是主观的欲望罢。

这张照片上的六颗红色泡子是李毓芳老师留下的老物件

杜丽娘的定妆照

软一点

有一年，陪李毓芳老师去长安大戏院参加重阳节老艺术家演唱会，那时候她已经八十多岁了，准备的是一段西皮慢板。她跟京胡对腔的时候，觉得调门太高了，就让那位演奏员“软一点”（降半个调左右），对方说：“软不了，只能降一个整调！”演奏员拿出定音器来吹了一个音，降了一个调，可是又太低了，唱起来太压。权衡之下，李老师还是选择了最初的调门，扯着嗓子唱完了。自从戏曲改用西方定调方式，这种老艺人想要的“软一点”就没门儿啦！

在传统的京剧舞台上，乐队是根据演员上场的时候“打引子”的声音状态调整调门的，主奏乐器的演奏员与主演之间是心气儿一致的，定多高的调子凭感觉，其他乐器随着主奏乐器定调，必然是大家都得劲儿，演唱也会酣畅淋漓。中国的艺术在于韵味和神化，不在于形似和量化。

艺术管理是一门很深的学问，整个剧团必须要有统一的艺术美学思想，才能抱团成“一棵菜”，乐队为演员的歌唱和表演服务，演员为戏剧角色服务，戏剧角色为剧本服务，而剧本为观众服务，一切井然有序。达到内在和谐的剧团，其外在力量才会是每个成员能力做乘法的结果，必然是“三个臭皮匠赛过诸葛亮”。否则，不管单个的成员拿出来有多大的魅力，这个剧团也必将失败。

李毓芳老师在长安大戏院演唱《凤还巢》

小点声

小时候学戏的审美环境里，以音量能盖过胡琴声儿算是嗓子好，因为老先生们年轻的时候演出，剧场根本没有扩音设备，所以为了表示嗓子好，我从来不知道还可以小声唱戏。凭着一副铁嗓钢喉走江湖，简直一副天下无敌，不知疲惫的架势。那个时候唱戏就是实实在在直愣愣地唱，声音没有任何抑扬顿挫，气力足的时候还能勉强完成，状态稍微差一点的话，唱起来就是虎头蛇尾了，所谓“一鼓作气再而衰三而竭”。

后来顾淑英老师给我加工唱段的时候，让小点声唱，我试着小声，可是只有把调门降下去，音量才能降下去。老师说：“这可不行，同样的音高，多小的声音都应该能唱出来，小声唱对了大声才能唱好，从今天开始你给我练高调门小声唱！”

忽然明白，原来我只知放，不知收。“小声唱对了大声才能唱好”，这句话我一直视作秘诀。首先，小声唱的时候，我们能够腾出一部分精力去思考和控制声音的抑扬顿挫；其次，有了小声的功夫，加上之前练的大声的功夫，才能收放自如，进而才能演唱得长久。

中国戏曲的演唱除了最基本的字正腔圆，其灵魂是节奏二字，而节奏的灵魂就是音量和速度的收放。收放的原则又是什么呢？花开而落、月满而缺、冬尽春来……这些就是收放的原则——自然之道。

唱戏的时候百分之八十都是平的，是为了百分之二十的高亮，就像汉代的陶俑，有了身体的整拙粗放才显头部面部的丰富精细，形成了中式审美中阴阳比例的平衡和节奏。无论是唱还是舞，大部分人的习性是放易收难，即便是懂得了收放的重要，又不能把握度，往往收易过紧放易过懈。要做到收时放松，放时拿劲儿，才能快唱时清楚不乱、慢唱时沉稳不散；快动时利索干净，慢动时藕断丝连。这与戏曲中要求的“高音不尖，低音不浑”“举重若轻”等都是中庸的美学追求。

关于收放，有些行当或流派有他们特有的美学追求，比如青衣的拖腔如同燃放烟花一样，收敛着的光束冲到至高点爆发，在大家喝彩的时候，火花消失在最美一瞬间；而武生的表演动作要如同爆米花膨胀一般让人感到屏气凝神，到了最大体积的时候在一瞬间崩开，米粒开成一朵花立刻又静下来。

老先生总说：“从上台到下台，这个过程要学会附体。”真正控制好收放的秘诀还是放下杂念，进入人物的情感世界。只有忘我，对于节奏的表现才是符合剧情和人物的，才能打动观众。

苏州艺圃中的蔷薇，有花开就有花落，这就是美

法源寺的丁香

不插电

十几岁的时候参加了一个戏曲比赛，初赛是在一个小场地，没有戴话筒，所有评委老师都给我打了最高分。决赛在一个剧场里，大家都得戴话筒了。那天好多选手都往调音室跑，我问一个身边的人说：“他们去那干吗啊？”那人看看我，然后轻描淡写地说：“送礼啊！”我当时还不信那个“邪”，可是当我在舞台上唱出第一声，听见返送音响里发出的又闷又哑的声音，便信那个“邪”了。大家都以为我嗓子哑了，其实嗓子好着呢。虽然那次也获奖了，但是颁奖大会我没去。

现在基本上都用扩音设备，演唱者的音量和乐队音量的配比全掌握在调音师的手里，所以一场演出的声音效果很是仰仗着调音师的水平，甚至演员的表现好坏也拿捏在调音师的“一念之间”。于是调音师成了大师傅，人人尊敬，角儿们还得给他塞红包，买烟买酒。

某一次，看一位大角的演出，分明听到每次在高潮的几个音符上，话筒的音量被忽然推上去，观众似乎被那电流提醒着："您该鼓掌了！"大家都情愿或不情愿地鼓起掌来，同时还要惊叹一下这演员面不改色地完成了这样优秀的嗓音爆发力。如果恰巧当天电视台到剧场来录像，为了拍摄鼓掌而给观众席补光的灯会提前地亮起来，观众看到一个大摄像机照着自己，鼓还是不鼓呢？

忽然觉得要是都这样，功夫还用练吗？

后来在上海大戏院别克中剧场唱戏，那是个五百观众席两层楼的现代剧场，我选择了不戴麦克唱。可是乐队都习惯放开了演奏，我一个人压不住一群人的演奏，只好又一遍一遍地对，好在演奏家们基本功都很扎实，终于把音量降下去了。最后要的效果不只是让所有观众听得到，而是要听得清楚。演出前我们告知观众这是不插电的演出。这在过去司空见惯的演出方式，于今天的观众看来简直是一件稀罕的事情。演出过程中轻声唱的地方，观众席真的是一根针掉到地上都能听见，而到了放开音量的高潮处，观众都报以热烈的掌声。说实话，对于不是每天那样演出的我来说，这种演出非常消耗体力。后来在上海碰见当时坐在二楼后面的观众，他们跟我提起那天的演出，说他们当时听清楚了每个字，很难忘，听到这些我也就很欣慰了。

我想，现场听戏的声音是从大喇叭里出来的，这跟放录音还有什么区别呢？而且还是"美化"过的录音。对我而言，不插电演出，实际上有个人要强的成分在里面，也算是对戏曲老前辈的致敬罢。

时代在发展，如果扩音设备很保真，还是戴话筒省力气。要做的事情越来越多，精力越来越不够用，不插电的演出实在是太奢侈了。

上海大剧院别克中剧场的观众席

在上海大剧院别克中剧场演出的全男班素颜版《白蛇传》

都到位就都不到位

刚学完《游园惊梦》，张卫东老师说："你给我每天拉十遍戏！"于是每天摄像机架在对面给自己录像，反复练习反复看问题。到演出的时候更是铆足了劲儿把每个动作都做到位。演出后胸有成竹地等待着老师赞扬，果然，老师说："看来你是真练了，每个地方都非常到位！"我正得意，他又接着说："都到位，就都不到位啦！"不等多问便扬长而去。

那天演得很累，可是晚上还是睡不着，琢磨着老师的话，忽然兴奋起来，心想也许下次演出就不用这么累了。老师教戏的时候每一个动作都有具体的要求和标准，那么都练好以后，到演出的时候，就要有所舍，有虚有实，这样才有层次和亮点。老先生把这个环节叫作"叠褶"，而这个环节就只能靠自己在演出中去领悟了。

学到的一招一式都是到位的，但是演出的时候舍多少并无一定之规，还是要看当下的那个演出情况，我想戏曲行里的另一句话能用来权衡这个舍的节点——“见好就收”。

“见好就收”的字面意思是只要观众叫“好”了，演员就赶紧收了技巧往下进行表演，否则一定会过犹不及甚至出事故，是告诫演员不可得意忘形，要保留实力，控制节奏。但是真正在演出中有些“好”观众会叫出来，还有更多的“好”观众是在心里叫的，那我们就要把好观众的脉，才能控制好这个节奏。

“取”易“舍”难，如今的观众不同于过去，有很多人第一次看戏，传统戏曲中一度能叫“好”的点，需要重新审视其意义：到底是经典，还是过去某个时期的时尚而已。

《惊梦》中我扮演杜丽娘，丁云飞扮演柳梦梅

《游园》中我扮演杜丽娘，
杨振涛扮演春香

动中静

刚学武旦的时候，每天使着蛮劲儿练，气横在胸口，火冒在眼里，几个小时练下来不是这儿疼就是那儿胀。不管我怎么练，都是浑身僵硬，不听使唤，直到练不下去，便停了很长一段时间。我一直在想，我为什么练不好呢?

在舞台上认真地感受着自己的身体，试图研究如何才能很好地控制动作。有一次演出期间犯了咳嗽，所以在台上一点也不敢兴奋，极力让自己内心安静着，生怕太激动会在台上咳起来。为了不出事故那天的唱自然是受了些限制，但是动作比平时做得反而更顺了。我忽然明白了，原来要控制自己的身体特别简单——就是静下来。

那天散戏以后也不管累与咳嗽，就操练起《扈家庄》来，意料之中的喜悦简直是踏着七彩祥云而来，一个“静”字果然奏效。那晚睡得踏实极了，一夜无梦。

老子说“静为躁君”。这个世界上的一切都在动着，小到分子原子，大到银河系，动是绝对的，所以静和躁在某种意义上都是一种动，不同的是：静是自然的动，属于无为；躁是人为的动，属于有为。所以前面说的静下来不是不动了，而是指放松下来，顺着身体的气、骨节、肌肉去动，而不是横着气较劲儿地动。

古人对动静的美学描述是“静如处子，动如脱兔。”深闺女子和脱网之兔，一静一动。脱兔的动中无杂念，为动中静；而处子的静中有思想，为静中动。动中有静是“无为”，静中有动是“无不为”。

动是绝对的，静是相对的。所以我们所有的亮相都是流动过程中的迁延，不是绝对的静止，如同用身体在写毛笔字，笔断意不断。我们不动的时候容易静下来，动的时候就很难静了。外动内动是忙叨，外动内静才是利索，而这外动内静的静才是真静。这不但是表演之道，也是个人修行之道。

《天女散花》中的天女虽然舞动长绸，但内在要极其安静

《扈家庄》中我扮演的扈三娘

虚多实少

传统戏曲中，空间处理以虚为上，人物处理以实为美。充实代表的是富贵、圆满，除了穷酸之角色，传统旦角的装束（梳大头）以满为美，一定要在头上戴满珠翠花饰，服装要用饱和色，上面绣满各式图案，这与传统戏曲的简易舞台布景，一实一虚，相得益彰。

近代戏曲舞美灯光越来越丰富，随着舞台审美转化到摄像和摄影审美，旦角的妆面越来越影视化，头面越少越好，服装多用中间色，刺绣也空灵地点缀一下而已，这样的装束更加能够融入当代的印象派或写实派的舞台背景。

我们慢慢从物质富足走向精神的自由流溢，并不代表我们不再崇尚充实之美，相比之下，这种由繁入简的舞台形象，把充实之要求转向了我们的精神，戏曲演员需要用更大的能量传达更有分量的艺术才能在舞台上站住脚。

唱念中虚实是无处不在的。比如昆曲的演唱没有过门，即没有音乐间奏，一直在唱，其中有个最明显的停顿就是入声字。因为入声字一出口，无论这个字要拖多长的腔，都要停顿一下，而这停顿之后的空白，就是实中之虚了。如果说唱的时候是实，在演绎剧本，那么停的那一刻就是虚，这是属于演员的时间了，所有的情感和内心戏都在这一刻毫无干扰地表达出来，而观众在这时也会屏气凝神。这如同中国书画中“意到笔不到”的美感，这个时候的“虚”比“实”还要实，因为观众可以参与进来，生出无尽的遐想。所以大家总说最美的时候让人窒息，因为在那个当下，演员和观众都是屏气凝神的。

表演中的虚实也是贯穿始终的。所谓“反者道之动”，如果要表现实，必须先有虚。眼神的虚是为了后面看见物象之后的“实”或内心思想的“实”。戏曲身段中的“欲左先右，欲扬先抑，欲进先退”，所有先做的这个动作一定与目的是反的，这个反的动作要“虚”做，在动画中这叫预备和缓冲动作，目的是把目标动作做“实”。真正高明的表演一定是虚多实少的。

戏曲表演有一项基本功叫“把子功”，所谓“把”就是把握和掌控道具的功夫，比如兵器、云帚、扇子等。这如同管理学一般，是一门虚实搭配的学问，什么时候握实什么时候握虚，全在手里的功夫，这个功夫研究透了，才能让手里的道具既不会掉又听话，最高境界是道具宛如从自己手中延伸出去的神经末梢一般，物人合一了。

戏曲舞台上的一桌一椅

戏服上满满的绣花

旦角复杂的头饰

正乙祠古戏楼的舞台

有无相生

我在学演昆曲的时候，常常不管是在庙台，还是在公交站台甚至茶桌上，老师会忽然掏出笛子来让我唱，要求立马进入角色去演戏。所谓“舞台小天地，天地大舞台”，戏曲舞台是一个可以把无看成有，把有看成无的地方。舞台上什么都没有，我们要演出天地万物；而天地间的任何地方，要把它看成空旷的舞台，然后再在我们心造的这个舞台上演出我们需要的其他场景。明人沈际飞说“唯情至，可以造世界”，这样的事情看起来很佛系，实际上有无相生也的确就是在说“色即是空，空即是色”。

“有之以为利，无之以为用。”舞台上用“无”创造“有”，创造出来的“有”用以表达情感和事件。这一切都是演员与观众达成统一认同的前提下才能实现，而戏曲程式化体系完善的年代并不是现代，如今国人的生活常识与知识体系已经与那个时代相去甚远，所以演出的时候遇到很大的问题就是：我们做的虚拟动作所表达的事物，观众很陌生。

比如一个简单的开门，现在的年轻人经历的基本上全是单扇门，很少有人用过带门闩门槛的双扇门，而传统戏曲中，大部分的门都是双扇门，当演员在空荡荡的舞台上做着开闩、拉楗、抠缝、双开门、跨门槛的程式动作，年轻的观众们一头雾水。年纪大些的人一定不能理解这些年轻人的愚钝，而事实上他们对这样的门的确是没有任何概念的。

类似这种情况下，传统的程式动作就需要更多的交代了，比如乐队增加音效的辅助或者剧本里增加台词的暗示，而对不能改动的传统经典剧目，就需要在演出前做相应的导赏了，就像是游戏之前先讲解规则。好的戏曲艺术是演员和观众共同创造的时空，只有艺术为观众服务了，只有观众懂得了“游戏”规则，他们才能参与我们对美的创造，否则演技再高也只是自欺欺人罢了。因为这一点曾经有人提出废除程式化表演，这就成了“因噎废食”了。

《白蛇传 · 游湖》中上船的虚拟表演

归零

学过戏的人都知道，只要一直保持学习，就会不断地忽然觉得自己不会唱戏了，什么都得重新学。这就是瓶颈期，这种时候，不能气馁抑郁，只能歇一歇，然后勇敢地从零开始。

舞台表演的美学是有无相生的艺术，而对于艺术理解的升华也是这样从无到有，再从有到无的螺旋式重复周转：从无到有，从有到多，从多到熟，从熟到巧，从巧到精，从精到化，从化返无，再从无生出新有……杜近芳先生说："我每演出一次，就像重新投胎了一次。"每一次演出对于她来说都是一次新生和升华的机会，所以她能取得今天的成就。

很多人在艺术的道路上走不了几个周转就觉得自己已经够水平了，都是"慎始容易慎终难"，所以大部分人都走不到山顶。

中国人总说不忘初心，这初心除了指最初的梦想，还有最初的那颗处在零点的赤子之心。所有修行与艺术的秘诀就是永远当个新手，带着这样的心态我们不断在瓶颈之后归零，归零之后才能“敝而新成”，正所谓：“苟日新，日日新，又日新”。如此不断精进才会达到至高的境界——“大而化之之谓圣，圣而不可知之之谓神。”

梁谷音老师看完演出到后台跟我说：“你的那个下场可以借鉴我们上昆的。”

男旦

跟张卫东先生在比利时皇家学院演出的时候，他陪我演丫鬟春香，虽然老师年长我近二十岁，后台乍看与我扮的杜丽娘有些不协调，但演出之后观众不但不觉得奇怪，反而拍手称绝，因为那种写意、凝练的程式表演，让观众不在意甚至忘记了演员的年龄、相貌和性别。我们在一起演出非常的“得劲儿”，国际友人中不乏研究中国艺术的专家，他们都觉得中国的戏剧太神奇了。

回国以后，张先生请曾在北大毕业的师姐刘旸给我来春香。师姐学先生的春香算是一绝，水平无可挑剔，但是男女合演感觉与先生演的总不一样，同一个老师教出来的师姐弟合作，舞台上竟像是两个剧种的混搭。我想不通：哪里别扭呢？

有一天，去采访京剧老前辈江新蓉。江老师算是程砚秋唯一一个女弟子了，她的所有老师都是男性，她见证了男旦主流向女旦主流过渡的历史时期。她告诉我，在男旦主流的时代，女演员上台都要裹胸，特别是胸大的女演员，像著名的女演员言慧珠演戏前，需要两个助理用几米长的布条帮她裹胸，而且要裹得很紧。她说那个时候女演员觉得演戏的时候显出胸来是一件极寒碜的事情。

回来以后，我就想那时候女演员为什么要裹胸，而现在的女演员反而要通过掐腰的戏服体现胸。从近代旦角的发展历史中，我发现在那个男旦主流的年代，整个舞台呈现的是大写意的传统美学，女旦为融入这个大环境就要遮盖自己的性别特征，以融入这个大写意的舞台，免得观众会跟邻座的人郑重地指着她们说道："那一定是个女的吧！"还有一点很重要的是，那个时代的女性私下里也还是很含蓄的，大部分人还是着力避免前凸后翘的形象。

梅兰芳先生晚年在上海演出《龙凤呈祥》，在他前面出场的八个宫女都是他的女弟子，这些女演员个个都是上海滩漂亮的名角儿，她们都拿出私房的行头打扮得美极了，那天晚上出来一对宫女，台下就叫一次好，四对宫女叫了四次好，这在京剧历史上是绝无仅有的。最后梅兰芳上来的时候，台下都炸窝了，观众都一致认为：还是梅先生最美！

虽然那个时候已是男旦退场，女旦登场的时代，而观众们心中对于戏的价值判断依然是大写意的传统美学观点，所以没人在乎梅兰芳已经是一个花甲老叟。同样的事情搁在今天，我想观众里最多的声音应该是："哟！这主演是个男的吧！"

由于各种原因，男旦越来越少，舞台上慢慢变成了女旦的天下，加上西方写实主义审美的冲击，女旦就不用费那么大劲裹胸了，这时候社会上反而出现了有些男旦戴假胸去媲美女旦的事情。

然而在中国，女旦裹胸，观众是尊重的，而男旦戴假胸就成了俗品了。

那么男旦怎么办呢?

听老先生们说了太多曾经在戏曲舞台上发生的惊艳往事，又经过了很多失败的演出实践，我深深体会到现代社会的美学环境变了，变得太多元。不能说大写意的时代过去了，而是写实的主流视听艺术太猛烈了。如果不能引导观众在特定的美学前提和游戏规则下走进剧场，所有演员的辛苦都会是徒劳的，这不仅仅是男旦面临的问题，更是整个戏曲面临的问题。

为了避免“胸”的问题，我暂时停下了男女合演的方式，试着去做“全男班”戏曲，冲着这三个字来的观众，至少不是抱着写实主义的标准来评判罢。游戏规则有了，剩下的就是没有杂念的舞台艺术了。意外的是，“全男班”收获了很多新的戏曲观众，程式化的虚拟表演被观众看懂，男旦就不是问题了。

1957 年，梅兰芳先生与韩世昌先生排练《游园》

我与师姐刘旸排练《游园》

我与济南市京剧院冷雨佳排练《游园》

在国外演出的时候没有经费带梳头师傅，我跟张卫东老师互相给对方梳头

全男班在上海大剧院留影

左起老旦李禹恒、文丑谢毅、小生丁云飞、闺门旦金谷、贴旦杨振涛、老生刘超

假得那么真

如今做戏服的行业里，好的师傅太少了。自从旦角掐腰的戏服流行开，剧装厂是极高兴的，因为不但时髦精致，还省料子。

第一次做旦角帔，就默认被做成了掐腰的样式，当我穿上它的时候，先生问我："你掐了半天腰，我也没看见你的乳房啊？改了去！"

虽然我很无奈，但是在艺术美学的根本原则面前，没有商量的余地。

汤显祖说："禅在六尘之外，游在伶党之中。要皆以若有若无为美。"传统的戏曲是在大水桶一样的戏服里"打太极"，衣服的线条是垂而顺的，如今的太极服还是沿用这样的风格，不分男女。这样的服装在遮蔽了个体身形的同时，让太极之舞带出衣纹流变，来营造似与不似之间的美感。宽袍大袖如同一块平展的布，演员用程式化的动作支撑出不同的雕塑形状来。这是中国的玩意儿。

先生常说："中国的戏要假得那么真，不要真得那么假。"我们不隐蔽检场（演出中工作人员穿大褂走上舞台摆放桌椅道具）就是告诉观众这是戏，而不是给观众造成生活幻觉。所有的真实感不是来自环境，而是体现在演员的表演，从而反映到观众的心里。

在后台，只要演员一扮上戏，就不能闲聊天，更不能打闹。要提前静下心来，进入剧中人物呼吸节奏，这样走到台上才不至于跳戏。而下场的时候不能刚迈入台帘就泄下劲儿来，一直要走到后台，脱了戏服才可以完全松劲儿，因为这时候汗会从毛孔倾泻而出，过早泄劲儿，戏服就会湿透。这样的表演艺术常常如气功一般，观众也就会随着演员强大的气场，与之同呼吸同悲喜，进入剧中的场景和角色的情感世界。

新的时代，新的观众需要培养，外国人能欣赏称道的民族艺术，国人不可能看不懂。演员的表演风格、乐队的烘托手段、舞美灯光的呈现都要统一在同一个美学范畴里，只有一个完整的、严谨的舞台作品，才能“假得那么真”。而强烈统一的美学很快就会把游戏规则传达给我们的新观众，观众才有可能与演员一起去创造每一场独一无二的戏曲作品，并与从业者共同传播这门古老的艺术。

后台化妆——吊眉

后台化妆——戴小生巾

后台化妆——戴凤冠

戏服绣花图案

这是非常传统的戏服

游于藝
金谷藝友留念
二〇一五年四月 書 寶棟

自觉篇

演悲欢离合当代岂无前代事，
观抑扬褒贬座中常有剧中人。

世上无难事

作为一个歌都不会唱、体育课都不及格的人，我十六岁以后才开始正式学戏，那时候有一位长辈告诫我说："学点唱作为业余爱好就行了，学表演的话一来年龄偏大；二来个子太高没有人配戏。"当时听到这些话，我很沮丧。

但是后来我遇到了好的老师，老师只管教，我就只管学，没有了杂念。我渐渐忘了那位前辈的告诫，没有什么能阻止我做自己爱的事情。没有练功房就在操场、楼顶和过道练，练错了范儿就把之前练的废掉，重新练。总之，在这件事情上，我一直就不服输。

学武旦的时候，又有长辈出来阻拦："这个年纪还去练武旦，容易受伤，也练不出来的！"学《白蛇传》之前，有人告诉我："杜近芳老师这个戏不适合你，这个版本是给女旦角写的！高音太多。"学小生的第一堂课我就被一位老师判了"死刑"："不光是表演没有天赋，大小嗓也不会过渡。"这些话我都记在心里，似乎有了更大的动力去学。慢慢我发现我学东西的目的就是学本身，“每天进步一点”的变化让我快乐，而学过了，不管达到什么程度，都会有自己的收获和呈现。这也是研究生毕业的时候孟军老师写给我的话：“埋头耕耘，莫问前程。”

在那个愣头青的年纪我做任何事都不留后路，从不想将来会如何，反而是年龄越大思虑越多，阻碍也就越多了。因为深入接触社会以后“知识”多了，“习性”渐长，“标签”囤积，这些都是蒙蔽我内心的污垢。

有一年清明，回到家乡安庆祭祖，去祖坟的路上要跨过一条河，过桥的时候听见河的两岸有洗衣服的女人在交谈，她们毫不费力，声音又响亮又清楚，我意识到应该停下来听她们的发声位置——她们的每一个字都是从不同的位置打出来，底气十足，抑扬顿挫，伴随着时不时把大床单撒进河里的动作，换气自如。我惊叹她们是自然的歌唱家，如同画眉鸟一样。

哪一个人又不是呢？老祖宗说，“世上无难事，只怕有心人”。只要愿力足够，人人潜力不可限量。

然而为一个正在努力的人描述事情的艰难，是有必要的，因为这正好检验他的愿力如何，如果愿力不够，真是“世上事都难”了。

千里之行始于足下
只顾耕耘莫问前程

我的十六岁

感恩戏曲

二十出头的我，初生牛犊不怕虎，走到哪唱到哪。前辈们都鼓励我说：“你应该感谢你的父母，给你一副好嗓子。”有一次演唱结束后，一位白发老者握着我的手说：“小伙子你这嗓子，如果在民国能卖大价钱！”这句特别的“夸奖”让我落寞了许久。

“皮之不存，毛将焉附？”如果戏没有了价值，我对她的爱还有价值吗？从那天起，我的心中隐隐不安起来，有些不知所措。

我放下表演本身，去看戏曲的历史变革：中国戏曲已经完成了太多的历史使命：祭天，娱人，竞技，教化……今天戏曲成为国粹，又成为文化遗产，应该名正言顺地进博物馆了。我感到大梦初醒，这世上不会再有第二个梅兰芳了。

如果事实是这样，那么放下表演艺术本身，戏到底还能给我什么呢？

我爱戏，努力到一定程度，戏开始给我很多反馈。戏告诉我什么是美，什么是情，什么是生命。稍微读过一些中国的经典，就会发现戏是立起来的文字，活态的中国文化：儒家之中庸、道家之自然和佛家之空灵尽在其中。戏曲的功夫让我的身体变好；戏曲的哲学让我看见生命的光辉；戏曲的审美让我的眼界开阔；戏曲的境界让我的内心安宁。

看到这些事实，我想，戏曲发展到这个时代，她的价值还小吗？我的嗓子能不能卖大价钱还有多大意义吗？

戏曲是帮助我修行的一门艺术，我对她的爱换来了无上的回报。

感恩戏曲……

法国漫画家 Benjamin 在后台画的速写

从心开始

有一年去黄山的宏村游玩，半月潭边上坐着很多从美院来写生的学生，我从他们的身后走过，正好看见每个人的画，同一个角度的风景在每个人的画面上都有不一样的颜色甚至形状，学生们不同的心境对徽派建筑的反映大相径庭。学戏的时候也是这样，同一个老师的同样路子教出来的学生差别非常之大，每个人用自我在反映着老师教的歌舞，大家不自觉地就加入了自己的性格、审美和习惯。

有人演悲剧时总是用自己经历过的不幸去体会剧中人的不幸，总是用自己喜好的美去诠释剧中人的美，或者用观众的肯定与追捧作为决定表演风格的唯一准则……这些在学戏的过程中很多人都要经历。而人们在生活中看待事物也是一样，习惯地用“如果这件事发生在我身上，我才不像他那样……”的口吻。这都是每个人不同的“习性”在作怪。

“古之人为己，今之人为人。”古代的人首要的事情是把自己做好，而今天的人首要的事情是把别人眼中的自己做好。如今多元价值观的社会里，“污染源”各色各样，使人们养成了不同的“习性”，这些“习性”让人们在看见任何事物的第一反应，就是用自己的“知识”去贴“标签”，所以第一时间屏蔽了这个人自己眼界以外的所有美好。这让人们的心像单一频段的半导体收音机，永远只能播出一个电台的节目。

孩子学东西快，就是因为孩子的心是一张“白纸”，老师在上面作画得心应手；而成人的心是一张“图画”，上面布满了“经验”和“标签”的线条以及五彩缤纷的“习性”，老师要把这幅画改成他要的内容，实在是很费劲。在开始一段学习之前，放下“经验”、丢掉“标签”、克制“习性”，才会有意想不到的收获。

中国人说不管什么领域做到最后再想提高境界，就是看“文化”了。那这里的“文化”指的并不是知识，而是智慧。与其说智慧是学来的，不如说是每个人本自具足的东西。只是大家的智慧被不同的“习性”和所谓的“经验”所蒙蔽。所以修行就是擦除蒙蔽智慧的尘垢，所谓“为学日益为道日损”，修行是一门做减法的学问。

老人们总说：“看相不看貌”，相就是我们的气质和灵魂的魅力，无关于年龄、身份和外形。一切从心开始，擦除了内心的尘垢才能显出明镜，照到真理，少走弯路。当有一天我们真切地看到了美是什么，我们就不会为了别人的眼光而活，而是守住本真，做好自己，感受喜悦。

宏村的早春

在宏村玩的时候，起了个大早，去半月潭边练水袖

和而不同

人们都说梅兰芳的梅派没有特点，如果非要问梅派的特点是什么，那就是“自然”。他不是在人堆里刻意拔尊，而是任何时候都在追求一种合适的美，这是最难的事情。他总是“和光同尘”：和的是天之光，同的是地之尘，与人世间的时势同流而不合污。这种道法自然的“没有特点”的特点，对于大部分人来说却是“莫不知而莫能行”。这样梅兰芳自然就在戏曲界里拔尊了。

“和光同尘”里，最难做到的是“和而不同”。

戏曲的功夫里无论唱念还是身法都讲究一个“圆”字，而这个“圆”的内在是不断练习的劲头和法则，这就是戏曲的核心美学——“外圆内方”。比如做一个动作，外在轨迹要圆，但是内在的气拿住劲儿不能懈；一句唱腔声音要圆润，过渡要平滑，但是每个字要咬住，每一处情感要交代清楚。中国人的处世哲学也如是，人际面上要圆融忌棱角，而内在的原则要坚定，如铜钱的造型一般，所谓君子“和而不同”。

《左传·昭公二十年》中说："和如羹焉，水、火、醯、醢、盐、梅，以烹鱼肉。""声亦如味，一气，二体，三类，四物，五声，六律，七音，八风，九歌，以相成也。""若以水济水，谁能食之？若琴瑟之专一，谁能听之？"意思就是说用水来煮水、琴瑟都演奏一个音高，怎么能算是美呢？梅兰芳私下里不爱听恭维的话，每次演出完，"梅党"们坐在一起为他提出各种不同的意见，梅兰芳虚心听取。他就是在这种"和而不同"中成为大师的。

梅兰芳剧照——旦角的身段就难在这个拧劲儿

梅兰芳剧照——看似温婉的内在，劲头儿却在丹田

臭显摆

有一次，张卫东先生带着我去金顶山灵光寺拜佛，绕过佛牙舍利塔，见一只花猫在“拜佛”。朋友说，这只猫不论寒暑，一直静静地趴在佛像面前，谁来唤它它都不走。先生忽然问我包里有没有水袖，他让我在寺庙后面的凉亭，向佛献戏。

亭子后面是一个悬崖，上面长有各种花草，很多鸟儿停在那里，不时还有野猫横行峭壁；亭子的前面是个水塘：睡莲静卧，锦鲤嬉戏，两只乌龟爬到石板上晒着太阳，还有鲤鱼观音的石像立于水面……

那天，一个人比画着动作唱完了整出的《游园惊梦》，一开口声音就在山谷里荡漾，水塘对面的人开始驻足聆听，我高兴极了，把最大气力的表演和发自肺腑的歌唱奉献给了这里的一切。

听到对面有人鼓掌，我得意极啦！转过身看见张老师阴着的脸，好似根本不想看我一眼。嘴里用叹气的口吻说道：“你什么时候能改了这臭显摆的毛病呀？我教给你的东西你全都还给我啦！”

兴奋顷刻间烟消云散。从那天下山的路上开始，我不断反省自己，想搞清楚“臭显摆”这三个字的意义。

那天晚上躺在床上，回想下午的心理状态：因为有回声，所以我把音量都尽量打到最大，以展示唱功，以至于沉浸其中，忘记了自己本该有的杜丽娘分寸；所有观者都在水塘对岸，怕他们看不清我的动作，尽量地舒展了我的四肢，大耍水袖。结果就成了在亭子里一边唱山歌一边飙舞了。什么昆曲的抑扬顿挫、悠扬婉转，闺门旦饰演杜丽娘的怀人幽怨，尽忘到九霄云外去啦……

唱戏的人不管是宗派，还是学源，总是有道可循，不能因观众不懂而糊弄、面对内行观众而洒狗血、场子大而过分夸张或者场子小而大打折扣。面对这些外缘，我们常常不能克制住“小我”的无限放大，不同欲求与杂念不断涌现出来，于是“臭显摆”的毛病就犯了，这个时候我们切需的就是内心的稳定——常性，我们要拥有这种常性，需要长期的修行。

有位名演员，合作过的大咖无数，都能应付自如，唯有跟梅兰芳合作的时候，他忍不住要洒狗血，希望自己在台上能够与梅兰芳不分伯仲，然而如此一来，梅兰芳就更加显得光彩照人了。因为梅兰芳不管跟谁演，该怎么演就还怎么演，从容不迫，所以他的美不会打折扣。相反的，另一位就显得过犹不及了。所以在舞台上，一旦“我”这个“末”放大了，就远离了“道”这个“本”。

我常常在反省中问自己：工作中要说那么多话，言多如何不失呢？演出时那么多突发情况，如何才能沉着应对呢？太多不靠谱的人在工作生活中都难免过招，如何才能顺利完成该做的事情呢？

后来我在中国文化和自身实践中试着去找答案，并把总结出的答案写到记事本上：

重为轻根，静为躁君。轻则失根，躁则失君。持重守静，话不说满，点到即止，这些都是言多不失的基本功。职业使然，言多难免，然而最好的办法还是惜字如金。

每一场演出或展示，都有不同的观众、场地、搭档甚至自己，演员若没有定性，必然会慌张而失道。禅说：你静，周围一切都静了；你美，周围一切都美了。这人的常性就是坐禅的功夫啊。

多元价值观的时代，很难说别人的谱跟我的一样，人人都有自己的谱，甚至没有谱。他们的不同频率如果干扰到我的信号，我就会瞬息万变，那一个当下我可以是魔，也可以是佛，都在一念之间。只有控制住气，才能控制住性，常常事情的成败就在于自己内心的稳定了。

总的来说这世上唯一不变的东西就是变，知道了这个以后，就不会觉得任何一件事情是意料之外的了，唯有培养“以不变应万变”的平常心，方可入世。

这个动作是杜丽娘望见窗外的光，欣喜天气不错，无论在什么表演场地都得是一样的心境

木偶哲学

有几年精力都在戏曲动画上，特别是三维动画角色的戏曲表演。我发现，在三维动画中要将生命赋予一个角色模型，而且这生命还是戏曲风格的，真的很难。

三维动画角色的骨骼运动和面部表情等都有专门的控制器，通过设置参数，在时间线上发生变化来实现其动作。开始以为我会戏曲表演，制作动画这件事轻而易举了。事实证明，简直无知。

人的身体有那么多关节和骨骼，表情的变化也细腻到了极点，我自己的身体有表演记忆，大脑发出号令以后，全身都做出反应，当要把这种反应赋予我的动画角色，才发现我根本不知道这些反应是怎么发生的，所以没法将这些“复制”给我的动画角色。如此一来，就要对着镜子，重新审视每一个演唱的口型变化，以及每一个动作中关节运动的时间次序，所有的动态都要分解到每一秒的级别。这是一件疯狂的事情。

一段《卖水》的花旦动作，把自己和一面镜子、一台电脑关在屋子里半年才做出来。最后我很想撞死在墙上，因为虽然动画角色把动作完成了，但是它没有生命！

我停下来很久，不知所措。

有一天，去国家图书馆听浙江提线木偶传承人黄孝德先生的讲座，去得早，坐在了第一排。讲座无非是一些木偶戏历史以及名人的介绍，大概做了点笔记，然而结束的时候他为大家表演的木偶戏《徐策跑城》，让我热血沸腾。那个木偶在他的手里一下子活了，活得让我都觉得有点瘆得慌。我完全被吸引了，一会看看表演者，一会看看木偶，我终于明白生命的秘密！

徐策年纪大，在跑城的过程中很辛苦，还摔了跤。木偶在表演跑的时候还不觉得有什么，但是木偶停下来喘气的时候，真的让人觉得这玩意儿有灵魂了。这位表演艺术家最震撼的就是他手里的线让木偶的"呼吸"惟妙惟肖地体现出来了，我那天兴奋极了！

原来生命的第一表现就是气啊，难怪祖宗说"人活一口气"啊！

回去以后为动画角色制作了呼吸谱，加上了呼吸的动画细节，结果不用说，除了庆祝没别的事儿！

再回到戏曲表演上，忽然预感我的瓶颈期要过了，即将看到新的境界。如果放下"小我"，把自己不当作"我"，而当作连呼吸都没有的木偶，我是不是也可以有无限的可能呢？将身体视作木偶一般，去调动它每一次呼吸，将赋予我动画角色的那一份生命，用一样的方式去赋予我的身体，我突然觉得重生了一般，阻碍我的原来就是我的“天分”啊。

木偶哲学告诉我：气是生命修行境界的第一体现。

浙江提线木偶传承人黄孝德表演《徐策跑城》

戏曲动画《卖水》

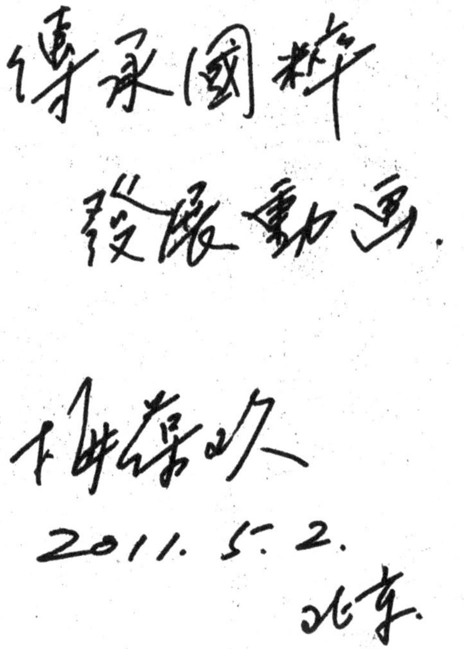

梅葆玖先生的鼓励

从一而终

曾经做了一个动画工作室取名“青衣动画工作室”，取“青衣”二字是对这个行当从一而终之品格的敬仰。有一天张卫东先生给我写了封信，其中一句是：“你的很多事情太较劲，打一枪就走才行！”收到信的时候很不能理解，不是应该“从一而终”吗？为什么“打一枪就走”呢？如果这样岂不是三心二意，一事无成吗？后来学《道德经》，才忽然意识到我对“从一而终”的认识太狭隘了，我把“一”当作一件具体的事了。

戏曲的造型讲究子午相，基本的意思是，假设以正前方为十二点，身体和面部一个朝向十一点，一个朝向一点，两者形成的夹角正好是子时和午时的区间。然而在舞台上，我们的身体不可能一直朝前，所以这个假定的十二点方向一直在变，不变的是这个“中正平和”的审美标准。

“中正”是形而下，表现在外，比如身体和面部的夹角要在一个时辰的区间内，如果过了就“邪”了；“平和”是形而上，表现在内，内心稳定则气息平和。气决定的是情绪，情绪决定的是外在，只有气顺了，外在才会顺，才会“和”。所以一切事情的顺利在于内心的稳定。而定心丸就是坚定的信仰。

“从一而终”的“一”不是一个人或一件事而已，而是信仰——心中的“道”。虞姬之所以死得悲壮，是因为她从了她心中的“道”而终，而不只是为了霸王而死。只要不偏离“道”，做多少事情都是从一而终；如果不断偏离正道，即便一辈子守着一件事或一个人，实质上也是背道而驰，难有成就。

真正说起每个人心中的“道”，难有完全一样的，所以古人说能得一知己就足矣了，人的本质是孤独的。我们往往因为害怕孤独而去附和，寻求价值的认同与心灵的陪伴。也许某一段心路有人陪，而大部分路还是属于自己的。只有接受了孤独的本质，去欣赏自己和别人的不同，才发现，大家都是孤独的。内心的稳定会让我们感受到万物本是一体，我们并不孤独。我们的不同是为了生命世界的差异美，我们的和谐是源于生命本质的大同美。

虞姬的目光是坚毅的

拿起与放下

前面说过学戏是一种帮助我们修行的事情。

会而不做跟不会而不做是两码事，那些没有真正“拿起”的事情是谈不上“放下”二字的，所以“放下”就是“拿起”。老师教戏的时候总是要求功夫练过一点，到了舞台上才能有资格说某些地方是有意把功夫“放下”不用而已。

刚开始学戏，学生一般会选自己喜欢的行当，或是接近自己的行当，这一步叫作寻找“小我”：通过学习戏曲表演找到自己的美；再学其他行当，来学会欣赏别人的美。学完了几个不同的行当就会发现：不是所有的美都是一个标准，“合适”二字的意义对每个人来说都是不同的。这个阶段是拿起各式“小美”。

庄子说“不同同之谓大”，追求大美的时候需要融会贯通，消除“分别心”——放下自我局限的“小美”，成长到“大我”的“大美”。这个时候，客观世界还是那个世界，可是我们的心打开了：“我”的局限越来越少，看到的景象越来越美，内心越来越喜悦。

最后连“大我”都能放下的时候，再去做任何事，都会是怀着平常心去认真，这时候的认真是“不走心”的走心，而“做人”应该也就没那么累了。

对于艺术，人们总要提到“天赋”，也就是说大部分的美是大自然赋予我们的：自然只是借我们的手去创造美的图画，借我们的身体去创造美的舞蹈，借我们的嗓子去演唱美的音乐。灵感中人只是载体。我们能自觉而顿悟，信号就能连接到。

通过一些规矩来排除杂念之后，我们才能有这种自觉和顿悟的能力。规矩二字看似很虚浮，但它是一种仪式，在仪式中我们会慢慢静下来，连接智慧的信号，有了智慧美就会一点点呈现出来。所有的大师都是把规矩学到极致，再放下规矩，才到达真正的自由王国。真正地放下了“我”，消融了规矩，便是无我的“天人合一”境界了。

生活中也处处都是舞台，剧情虽不同，但大美的追求方式是一样的。梅兰芳演了一辈子《贵妃醉酒》，从路三宝教给他的炫技和调情风格的花旦路子，到他从杨贵妃的身份出发重新调整出宫怨风格的花衫戏，再到最后既是梅兰芳也是杨贵妃的入化境的自由表演，这是梅先生倾尽毕生心血的结果，我们爱一个人或一件事情，全心全意去对待，功成而身退，才算了无牵挂。

《肃苑问花》中春香的行当是贴旦；谢毅饰演丑角花郎

《游园惊梦》中杜丽娘的行当是闺门旦；丁云飞饰演小生柳梦梅

《游龙戏凤》中李凤姐的行当是花旦；李剑饰演老生正德皇帝

《霸王别姬》中虞姬的行当是花衫；张加杨饰演花脸楚霸王

君子之美

小的时候，一提起唱戏，一定是翘起兰花指，操起尖嗓子唱出咿咿呀呀，这就是一般人对戏的印象。兰花指在古代是男人的专利，以示对兰花之君子精神的追求，看看明朝皇室以及士大夫们的画像，男人们因为留指甲，兰花指格外的明显了。也不知道什么时候起，兰花指快成女人的专利了，特别崇尚力量的时代，男人的儒雅越来越少，中国人竟把君子之美跟阴柔混为一谈了。

兰花指是把中指压到最低，其他手指自然翘起呈现参差的层次，并弯曲如兰。这是君子谦逊居下的品德。梅兰芳先生的小拇指有些障碍，所以不能弯曲，不知情的演员刻意模仿甚至夸大，手指只翘不压，甚至以手指翘起能碰到手背算功夫，这样的追求与君子之道大相径庭，所以生活中总有雅得那么俗的气质，难得看到俗得那么雅的人。

程砚秋先生对于兰花指的使用很细致，他说小姑娘的手是紧致的花骨朵，手指要握拢；大青衣的手是盛开的花，手指要伸开；

老旦的手是枯萎的残花，手指翘不起。男女用兰花指的区别在于手腕——男紧女松，就是道法自然的合适美。如果学了戏，大概男士的儒雅和女士温婉就不会混淆了罢。

戏里面的讲究往往就是中国人做人的讲究。罗惠兰老师说：“咱得艺压着名，不要名压着艺”，说的就是：“大丈夫处其厚而不居其薄，处其实而不居其华。”而“见好就收”的智慧又是在说“知止常止，终生不耻，知足常足，终身不辱。功成身退，天之道。”不断的练功就是为了台上的放松与自如，而不断的修行就是为了活得自在而喜悦。

兰花式

爱就是恨

汤显祖说："天之风月、地之花鸟、人之歌舞，非此不成其三才乎？" 在戏曲中，我们塑造人物用的功夫常常都是取象于自然：云手、云步、望月、抱月、探海、鹞子翻身、蝙蝠旋子、踹鸭、乌龙绞柱、跨虎、卧鱼、兰花指……中国人的审美是主观的，目标却在神化，以人得天为止境。我们在虚拟舞台上践行出浓缩的大千世界，即便是一句唱腔或几个动作也足以让观众看到客观世界的一个缩影。

在演出《牡丹亭》的时候，有观众问：男人怎么去体会杜丽娘这样一个闺秀思春的情结？我说这要先谈起汤显祖是怎么写出来的这个戏。汤显祖一生仕途不顺，借女人的思春抒发男人的怀志，在中国人的眼里，女人想嫁个好男人跟男人想找个好差事是同样的事情。所谓"人法地，地法天，天法道，道法自然"，这一层一层递进的关系中，人就是地，地就是天，天就是道，道就是自然。那么女人就是男人，男人用女人的表演程式，去抒发体现自我价值的欲望，就是闺秀思春的戏了。这种艺术思想的前提就是要破二元为一。我们在戏里学了什么是女人，学了什么是男人，再领悟什么是肉体与灵魂。

人之所以爱看戏，就是因为一切的戏剧动力就是佛家说的八苦：生、老、病、死、求不得、爱别离、怨憎会和五阴盛。所以戏是我们生活的镜子。杨贵妃因为被冷落而醉酒，白娘子因为愤怒而水漫金山，小春香因为贪玩而挨罚……我们去演戏和看戏的时候就会知道，有爱就有恨，有快乐就有痛苦，因为爱与恨、快乐与痛苦都是一元的。我们不断地去拥有，就必然要面对相对应数量的失去，有多少快乐，背后一定要承受同等的痛苦，可是即便这样，我们依然不断去争取这一切，这就是人生舞台上的大戏。

同船共渡

初遇动情

喜结良缘

金山痛败

因爱生恨

孤身无助

怨恨难填

剧照摄于隆福剧院，我扮演白素贞；李洋扮演许仙；张梓铭扮演小青；谢毅扮演艄翁

那又怎样

在低落的时候不止一次问过自己：练功那么累，演出那么辛苦，又无知音，为何要唱戏呢？特别是看到了很多成就或地位很高的戏曲人活得并不喜悦的时候，我一遍又一遍地问自己，就算走到对方的位置“那又怎样”呢？有人跟我说使命，颇不以为然，我可不是就只为了“弘扬戏曲”这件事情而来到这个世上的，我不愿意被“使命”绑架。

有一天我整理起我跟戏之间的点点滴滴。

爱上戏的原因，说不清道不明，第一次见到她，似遇失散多年的爱人，毫不犹豫地投入其中，她给我带来了意想不到的快乐和存在感，她让我感到活着是一件值得珍惜的事情，而那份充实，填补了我心中空虚和痛苦的每一个角落。那些日子里，沉迷于看戏、练功、学戏、吊嗓，以及站在舞台上的时候满坑满谷的喝彩和掌声。快乐吞噬甚至麻痹着我，喜欢待在戏里不出来的感受。

当我意识到无法进步的时候，才开始从麻痹转向专注，从

“被爱情冲昏头脑”到冷静地经营生活。曾经开玩笑地说：这个阶段算跟戏的婚后生活，所有跟戏碰撞出来的作品应算是爱情的结晶了。

看到这些历程，总有一种要离开戏的预感，似乎有一种曲终人散的预感——并非不爱了，而是超越“爱”，放下“爱”。

人生如戏，生命历程本来就是这样，就像“为什么活着”这样的问题，跟“为什么唱戏”本是同一个问题。

这么爱戏，我的努力是为了有一天我不唱了或不能唱了的时候，能够无怨无悔的真正放下戏，“拿起”真的就是为了好好放下，而对于同样热爱的生命亦然，认真去活，也是在离开这个世界的时候，能无怨无悔，轻松放下一切。

所以好好活着本身就是意义，我们不断修行，放下“活着”这个伪命题，再放下“放下”这件事，就彻底地解脱，彻底地喜悦了罢……

原來姹紫嫣紅開遍 似這般都付與斷井頹垣 良辰美景奈何天
便賞心樂事誰家院 朝飛暮卷 雲霞翠軒 雨絲風片
煙波畫船 錦屏人忒看的這韶光賤 遍青山啼紅了杜鵑 那
荼蘼外煙絲醉軟 那牡丹雖好 他春歸怎占的先 閒凝眄 生生
燕語明如剪 聽嚦嚦鶯聲溜的圓

牡丹亭遊園

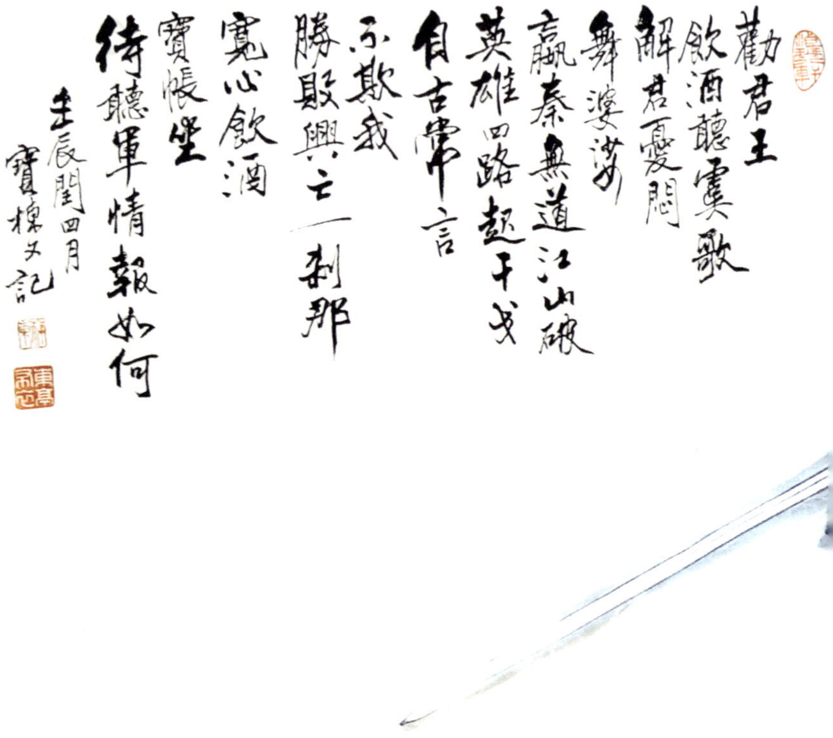

戈宝栋老师送我的画作《剑舞》

劍舞
試寫梅派名劇
霸王別姬之精彩片斷
彩虹居士戴寶棣作
金谷方家雅正大教 寶棣拜贈

传播篇

独乐乐不如众乐乐

《宸冰发现》采访选录

2017年5月3日

宸冰：这位非常年轻、充满朝气的人，其实在从事着一门古老的艺术。他就是在我们园林博物馆演出的全男班《游园惊梦》的主演，他出演的是大家都熟悉的杜丽娘。

金谷：大家好，我是金谷。

宸冰：你平常说话好像声音还蛮浑厚的。

金谷：因为戏曲跟中国传统文化一脉相承，讲究的是阴阳。这对应每个人都有的两种嗓音，就是小嗓和大嗓。我说话用的是大嗓，跟唱戏的小嗓是两回事。

宸冰：就是说每个人其实都有两种嗓音，就是平常没机会用，对吧？

金谷：对，所以任何人都可以在中国戏曲里演男女老少各种角色。跟你本身的性别、年纪都没有关系。

宸冰：那要怎么样才能把那个东西调动出来呢？

金谷：戏曲是一个大写意的艺术，中国人很聪明，把声音够

在中国园林博物馆的畅园里演出

到不同的位置，来表现阴阳，通过阴阳来表现性别和年纪的不同。大嗓，就是我现在说话的声音。找小嗓的时候一般就是学小猫叫。

宸冰：喵。

金谷：对，这就是小嗓。

宸冰：就用这种声音去唱旦角吗？

金谷：对，大嗓，就是“喵”；小嗓，就是“喵”。（示范）

宸冰：大家听到了吗？金谷这一声“喵”出来，顿时就已经有了金石之音，而且很有意思，它穿透力很强，这个是训练过之后才会这样的？

金谷：对，你说到穿透力，它主要就是靠气。中医讲人就是由气组成的，戏曲、书法、太极、武术等等，都是在练一口气。丹田之气有了以后，声音的穿透力就强了，它不在于音量大小，在于你说的“金石之音”的音质，这个很重要。

宸冰：恩，说到这儿，金谷，你扮演的是《牡丹亭》当中的杜丽娘，杜丽娘是个美女吧。对于男性扮演女性，大家比较熟悉的是张国荣演的这个程蝶衣，是吧？他就入戏很深，而且扮相也很美，他本人的那个气质也偏阴柔，对吧？而且如梅兰芳大师，实际上他也是有点偏阴柔的，可是金谷你很阳刚啊，我觉得。

金谷：电影《霸王别姬》这个戏是站在女性的角度，找男人的问题，它在抨击这些懦弱的男人。那么程蝶衣他是个女性的灵魂，他的视角也是女性的视角。

宸冰：就是说一个女性的灵魂装在一个男人的身体里面。

金谷：对，所以袁四爷说程蝶衣“雌雄同体”不是灵魂层面上的。

宸冰：明白。

金谷：你问的这个是程蝶衣个人层面的事，与男旦的概念还不完全一样。戏曲是通过身体和声音的阴阳，来找这个旦角的美，而旦角的美里面又再按阴阳来区分性格、年龄和身份，它是一个哲学和美学的东西。并不是说我要把自己变成一个女儿郎，然后才能演女儿郎。这里面就需要澄清一些东西：梅兰芳大师，如果像程蝶衣那样，他是不可能代表中国成为一个国际形象的。

宸冰：就是说他的那种男性的魅力和男性本身的那个存在，应该是非常立得住的东西。

金谷：而且他的成功不在于“雌雄同体”，而在于他在艺术上的观察力、想象力和创造力，他能成功塑造那么多性格迥异的女性舞台形象。

宸冰：没错。

金谷：有人非说：“一个唱旦角的，怎么能代表京剧呢？他毕竟是演女人的。”但是你要看这个演员他的魅力有多大。那梅兰芳他为什么能代表中国的表演艺术？中国的“中”就是中原的“中”，河南人念第三声，就是“好”的意思，中国古人的价值观里好就是“中庸”。了解梅兰芳的人都知道，他在做人和艺术上都把这个中庸之道发挥到了极致，所以他能够代表中国的表演艺术，代表京剧。

宸冰：所以我觉得今天这期节目特别有意思，我们先澄清了一件事情就是很多人误会的，认为一个男人去演一个旦角，就会是阴柔的，可能生活中也会偏女性化，容易误解。你知道很有意思，就是有些舞蹈演员，反而会偏女性化，男的舞蹈演员，他可能是不是长期处于一种肢体的状态，可是戏曲也有肢体动作啊？

金谷：有，因为这个层面，就是跟艺术有关系了。就是所有从事艺术的男性或多或少都有女性气质，表现的方式不同而已。他这个或多或少的东西，是他基因里面优质的表现。他只有具备这样细腻的东西，才能看到在创作层面上每一个坑、坎儿、麻、杂的细节，否则的话，他是不可能把艺术做到极致的。

宸冰：他更敏感，然后更有表现力。所以说到这个全男班，其实我们从艺术的角度讲，国外也有很多男演员演女性角色。因为那时候不让女的上台演，所以包括莎士比亚的很多剧都是男演员在演。包括前两天请到的嘉宾方旭老师，他也是用全男班在演他的《二马离婚》，然后观众一点都没有对这个事情觉得不舒服或者奇怪。这个问题我跟一个从事电影工作的朋友聊过，他说话剧本身是观众和演员一块完成的，越是这样越好看。因为什么呢？观众会有极大的想象空间。这个说法我还觉得挺有意思，所以在昆曲里会有这样的一个想象空间吗？

金谷：有。中国戏曲，特别是您刚才提到的男旦艺术，已经把虚拟程式表演发挥到了一个极致的状态，而代表中国成为世界三大表演体系之一的梅兰芳，就是以这种形式博得了世人的认同。我们与莎士比亚戏剧全男班的表演风格不一样，中国人追求的是魂和气韵，气韵一旦达到以后，就像中国画里的这个墨一样，你怎么也不会觉得它是墨疙瘩，你会觉得这个画上的葡萄多么新鲜，

夸张高度的厚底靴拉开生与旦的身高差

肯定是非常甜的，上面的这个蚂蚱是鲜活的，好像会跳下来一样，你不会想这个墨怎么还能代表小鸡、代表青蛙呢？你会进入画里面的情景，所以中国艺术它讲究意境，意境里面本身就是虚实结合。戏曲能够在这种虚拟想象的层面达到最完美，因为只有假的东西才能最美，真的东西永远达不到完美。

宸冰：能跟大家介绍一下《牡丹亭》里的《游园惊梦》吗？

金谷：《游园惊梦》，这个杜丽娘，她是一个大官的女儿。

宸冰：大家闺秀。

金谷：对，她是闺秀，她父亲还请先生教她读书“窈窕淑女，君子好逑”，那她就想，我到这个年纪了，还没有人来爱我。她的父母是老来得女，所以他们的代沟又大一些，她就有一种青春易逝，无人问津的感觉。就像林黛玉去埋花一样，她觉得：花这么好没有人来爱，都落地上了，我把你埋起来，等我像花一样落了谁来葬我？

这个戏其实是汤显祖在写自己，他自己就是杜丽娘。汤显祖，一个男人要事业，他想要有伯乐重用他这个才学，就像杜丽娘想有一个好的夫君来爱她这个美貌和她的青春一样，这种诉求是一样的。所以他们通过这种爱情的悲欢离合，来讲国家的兴亡和个人的价值实现。

宸冰：隐喻。

金谷：隐喻的是这个。所以我们在演这个的时候，并不是一定要知道“很想谈恋爱”是什么感觉，而是说：你这个年纪还不能有自己的舞台的话，是一种什么样的感受？

宸冰：哦，你们是把这个情绪带在那里面的。

金谷：如果你没有一个好的平台，你的年华过了怎么办？那杜丽娘是不是也是这样的心。

宸冰：是的。

金谷：所以是情绪的共通性，男人女人是在这个层面上去互相理解。

宸冰：所以刚才我就在想，说你再怎么样的男人，可能也很难完整的，或者完全真实地去再现一个女性的情绪和那种感情，你要这样解读，我觉得就说得通了。

金谷：所以台下的男人看自己的事业，台下的女人看自己的爱情。每个人，都能从这个戏里面看到自己。回到《游园惊梦》，因为杜丽娘心里面有这样的愿望和愁绪，春香带着她去看花园的时候，她看到美丽的春色，就想到了自己一样是正当年，愁的是春光易逝。然后回到闺房就做了一个梦，梦见一个书生来向她表白，她觉得很幸福。而这个时候偏偏被叫醒，于是非常惆怅。

宸冰：如果按照这样解读，你在那个过程当中的情绪是有起伏变化的，那个情绪起伏变化，你自己是怎么代入的呢？

金谷：这个实际上是戏文层面的，杜丽娘自己心里面就有理解。早上一个女孩子醒过来的时候，她是用娇嗔的状态，就是我们现在说的"公主病""起床气"。加上心里带着春愁，想到这一晚上睡过来，我昨天的妆面又残了，春天过得太快了，我还是一个人在闺房里闷着。她是这样的心态。春香说今天去游园，她心里似乎看到些希望，赶紧让春香把外套和镜子拿来，要梳妆出门。女孩子一对着镜子嘴角马上就提上来了。

宸冰：我现在是手机自拍拿过来，都会笑起来。（笑）

金谷：对，这是女性的本能，所以梳妆的时候，一个女孩子再惆怅，她也是一个年轻的女孩，她觉得自己好美，然后春香又在旁边说，你头上戴的身上穿的都美极了。出门游花园，看到各种花都开了，牡丹花还早呢，她忽然想到自己："那牡丹虽好，它春归怎占得先？"就是这么好的花没有占到春光，我这么好的女子，没有在最好的年华绽放，她心里就有点难过了。春香说我们回去吧。她很无奈，也不能呐喊，她有规矩和家教的，所以只能在那里叹息。春香走了以后，她有一段内心独白的唱，曲牌是【山

旦角的睡觉程式动作

杜丽娘在梦里与柳梦梅（丁云飞扮演）约会

坡羊】，歌剧里面叫咏叹调，她自己一个人在屋子里唱，她就说我这么一个美人也没有人来爱我，春光快过去了，就很焦急，你知道吗？

宸冰：明白，有紧迫感。

金谷：带着这种情绪，加上游玩有点累，就扶在桌子上睡着了，在梦里这个小生就来了，这是她的白马王子。这个梦里的男人，是她心里最完美的男人。那么年轻人来看这个戏的时候看什么，就是看那时候男孩女孩之间交往的礼节，用现在的话说是古代男女搭讪的套路。

宸冰：对，古代的套路，就是初见面，小姐，你怎么怎么样？

金谷：男士很儒雅，很客气。不管做什么事情之前，都要试探，你怎么样？你愿不愿意跟我说话？他要取得她的同意，才能往下进行。所以小生首先要把自己的气质塑造出来，这是昆曲巾生的气质：儒雅、书卷气。他有时候酸酸的，但是杜丽娘喜欢。在那个时代她觉得这样的人，彬彬有礼，以后就一定能够把家庭搞好。她做梦时舞台上有个类似蒙太奇的东西，梦里面花神说：不行了，不能让他俩再约会了，我们还是要适可而止。所以拈片落花把她惊醒了；同时现实中她妈妈来了，看见她睡觉，把她叫醒了。你想想她正快乐，正约会呢，被叫醒了，所以她这时候有种嗔怪，女孩子在青春期，对父母的那种不满意又不敢说的态度出来了。打发她妈妈走了以后，她最后一段独白，表现她对她妈妈的埋怨，但是又无可奈何。

宸冰：明白。

金谷：说：妈妈，你让我读书，不知道哪一种书，才能消我的闷怀。最后她有一小段唱，唱完了以后就说我赶紧去睡觉，

宸冰：要再续前缘。（笑）

金谷：对，接着梦。眼睛里都在找，一直在找这个梦，所以她带着一种期盼的眼神下去了，这里是带有一点悲剧色彩的。

宸冰：明白了。

金谷：就是每个人自己，在追求梦想过程中的那种迷茫、那种期望，是非常美的。

宸冰：明白，其实这是很有名的一出戏，几乎每个知道昆曲的人，都一定知道这出戏，但是听你这样讲完之后，真的是对它有了进一步深刻的认识，而且对于我们今天节目的观众，可能你在看的过程当中，也就能更好地去理解。你看他们话剧有时候演出，一看说，今儿场子太硬砸不动，就是观众没反应，演员就没有激情了，演员没法表演，怎么演？越演越累。你们在台上会吗？戏曲我觉得不太会，昆曲应该是沉浸在自己的世界里吧？

金谷：戏曲也有这种情况，但是昆曲相对来说更高雅一些，互动性少一点。这里就涉及一个演员的素质，就是在不同气场的观众面前，你会不会保持住水平。像张卫东老师教我昆曲的时候有个特点，就是等你学会了以后，他的笛子永远都带在身上。比如我们在等人，人还没来的时候，不管什么地方，多大空间，他会忽然拿出笛子给我伴奏，要我从头到尾把《游园惊梦》来一遍，想象旁边有搭档陪着演，这是要适应不同的场合。有时候我们去山上玩，找到个亭子就让我来一遍，或者吃完饭包间里面有个犄

角，来一遍；公交车站，说车没来，也来一遍。

宸冰：真的？

金谷：就是在不同的场合你都要能够……

宸冰：融入进去。

金谷：对，为了能够自由，就是对环境变化的反应，但是要永远保证自己在一个定性或者说准谱里面。再有就是每次张老师给我上课会带不同的人来看，有专家，有外行，或者各种知识背景的人。如果今天有个懂的人来，我就铆上了，我得让他觉得我不错，然后就被骂了，说你洒什么狗血；来的是不懂的人呢，我就随便演演，说你怎么能这样呢？又被骂了。那最后就是，你不管面对什么样的人，在什么样的场合，只要你一张嘴，你就是杜丽娘，这就是昆曲的严格要求。

宸冰：我觉得你说得特别好，你知道你说的这个，它不仅仅是昆曲，它应该是每一个人做人……

金谷：做人的标准。

宸冰：我特别特别理解你这件事，因为我前一段时间，刚搞了十二小时直播，好多人都在说："你不累吗？"我说我可能特别疲劳，但只要镜头一说开始了，我马上就会是这个状态，就是那成了一种本能了。我觉得绝大多数人缺这个东西，所以导致很多人好多事做不成，当然有很多各种各样、错综复杂的环境等这些关系，但是我觉得更重要的就是你是不是非常坚定地，非常认真地，要做这个事。

金谷：这是一个人的常性，也是修身养性的一个最基本的东

后台

西，古人说先要修身，然后才有能齐家、治国、平天下。那么这修身首先就得有常性。

宸冰：戏曲给我们很多类似这样的宝贝。

金谷：是啊，比如还有戏里面最讲究的是一个“度”，生活中我们去爱一个人，也要有方法，有尺度，才不会伤到这个人。有时候，爱很容易伤到人，因为力度太大了，就跟唱戏一样。

宸冰：任何过于极端的东西，都是有危险的，所以其实你刚才讲完之后，我真的觉得戏曲应该是一个被普及的，或者更多的人来学习的一个东西。今天我们看到很多家长，会让孩子去接受各种各样的培训，比如说很多人把孩子送去练芭蕾舞，但是我个人觉得芭蕾舞当然对身材体型，包括气质也是一种培养，但是它那种向上的东西，和中国的这种婉约、柔美的东西，实际上是两个感觉。

金谷：舞蹈主要是向上的。戏曲是什么呢？上面向上，下面往下，叫顶天立地，不光往上，它还得压得住地，它得有分量。这就是区别。

宸冰：学这个，我个人觉得很推崇，就是因为我觉得它里面还有很多的内容，包括文学的。我们刚才讲的这些唱词，用字都极美，很讲究，跟诗一样。你唱了这么多之后，应该是随口就能背诵出来了。

金谷：它这个词在文学层面上，其实不算顶级的，但是对于现在的人来说，它已经够美的了。在亲身学习的过程中，体会更不一样，因为昆曲是立起来的文字。你学杜丽娘，那么作为一个闺秀，应该怎么行、住、坐、卧，很具体了，再到这个词中去，它的阴阳怎么变化？每个字对应什么情绪和意境？“良辰美景奈何天，赏心乐事谁家院”，就这么一句，老师就能讲两堂课都不止，最后学一出《牡丹亭》跟上了一学期的中文课一样。

宸冰：对，因为他解读，拆开了每个字背后的故事。他要把那个演绎出来，需要更深刻的理解才可以。我觉得一件美好的事情需要我们每个人去支持，去参与。这也是这期《宸冰发现》为大家带来的新的发现，一些年轻的力量，加入这些美好的事物，正在让我们中国传统文化焕发不一样的光彩。我觉得这是特别特别幸福、特别特别让我们觉得欣慰的一件事情。也希望有更多的朋友，能够通过我们这期节目了解昆曲，了解全男班，更多的是了解这样一种古老的戏曲方式，给我们生活带来的改变。我们也希望每个人能够在这样慢慢地、润物细无声的过程当中，发现更多的生活美学。

北京交通台《行走天下》专访选录

2018年10月7日

旁白：用质朴与专注，呈现东方戏剧纯粹的写意之美；凭身体的太极，勾勒柔美与阳刚的中庸之美。从杜丽娘到春香，从夫人到老爷，舞台上清一色身高一米八以上的小伙子，成就了国内唯一一版“海拔”最高的昆曲《牡丹亭》，而这个全男班剧团的发起人叫作金谷，一位“85后”的北大学霸。一名北大才子因何结缘昆曲，他又如何带领全男班走上舞台演绎昆曲的灵魂？行走天下，让我们和金谷一起共同探寻昆曲的魅力。

刘甜甜：说到戏曲，它里面有很多行当，那你为什么要选择旦角呢？

金谷：这是一种缘分吧。从我的生理条件来说，我的小嗓比大嗓好。小嗓在京剧、昆曲里是唱什么呢？是唱旦角和小生的。我第一次接触京剧就是梅兰芳先生的代表作——《苏三起解》的唱段。而梅兰芳又是代表中国戏曲表演最高地位的这么一个人物，正好遇到第一个老师也是唱旦角，那么很自然就学了旦角。后来白先勇先生到北大来排《牡丹亭》，缺小生，我就又学了几年小生。因为我的嗓音条件只能唱旦角和小生，如果唱老生、花脸，我大嗓的高音不够。从剧目上来说，旦角的戏比小生的多，所以现在我唱旦角为主，偶尔兼唱小生。

旁白：虽然金谷并非科班戏曲演员，但他从 2003 年开始学习京昆表演，先后师从陈宝贤、路大东、李毓芳、顾淑英、俞玖林、罗慧兰等艺术家，2006 年开始师从昆曲名家、国学传播者张卫东学习昆曲与国学，练就了扎实的基本功。而与普通的戏曲演员不同，毕业于北京大学数字艺术系的他，会想得更多，尝试得更多。

金谷：在北大学习的是动画导演。

刘甜甜：上学期间也是一直把戏曲作为一个兴趣爱好？

金谷：我在学校的时候，戏曲相当于是我的第二专业，因为我的方向是戏曲动画，那时候我们有一位老师叫马克宣，是上海美术电影制片厂的老导演。他们那个时候做的《大闹天宫》《哪吒闹海》这些片子，都是以戏曲的表演和音乐为主的，所以我们在做这个戏曲动画的过程中，对戏曲的学习也算是第二专业的学习吧。

刘甜甜：在选择专业的时候是刻意选了戏曲动画这样的方向，可以让学习和自己的兴趣做一个很好的结合吗？

金谷：一开始因为自己喜欢戏曲，没有想那么多。学了以后呢，去展示和传播的时候就发现戏曲是比较势微的，特别是十几年前吧。那个时候就在想，这个东西学完能有什么用？

刘甜甜：感觉没落了……

金谷：因为我很小的时候喜欢画画，选专业的时候我就想，动画本身是画出来的表演，那么如果戏曲表演能被动画传承的话，也是一种戏曲文化的传播方式，想通过一种新的形式承载我所学的戏曲表演的精髓。

刘甜甜：但为什么现在没有做幕后的动画导演，反而选择在台前作为一个戏曲演员？

金谷：后来我发现戏曲最具魅力的生命还是在舞台上。这些年因为国家政策是在推广我们的戏曲文化，舞台的机会也很多，直接的舞台实践对我自己而言也很重要。所以，我现在在舞台上所获得的经验以及在舞台表演中沉淀下来的东西，将来有机会再做动画，可以用进去。而且，拿定我要传播的文化是什么以后，形式是服务于内容的，无论通过舞台、讲台或荧屏，最重要的是能够把它传达给大家。

旁白：虽然演出的是经典剧目，表演者也不是大师级别，但全男班的《牡丹亭》，每一次演出都是一票难求。有人说这靠的是“全男班”这个噱头，而在金谷看来，他之所以创立全男班，只是想再现昆曲最原始的风貌。

金谷：现在舞台上的男旦越来越少了，戏曲中的旦角，女性演的比较多，但是男旦跟女旦的表演在艺术美学上来说是有一些不同的。男旦演出也是一种传统艺术形式的延续。日本歌舞伎延续的这种传统的戏剧表演方式，也是从中国传过去的。他们那现在的主流，还是男人来演歌舞伎中的女形。中国的男旦表演是一种似与不似之间、写意的审美情趣，这一脉的传承现在比较弱。

从我自己的情结上来说，我的第一位男旦老师对我的期许，在我心里面总是有一种牵挂，希望这个事情能够有所发扬，能够传承下去。后来我跟着张卫东老师去国外演出，他给我演春香，虽然他比我大二十多岁，但是演出的时候，观众特别欢迎，他们觉得中国的戏曲就应该是这样非常虚拟的大写意。回国以后，我跟我师姐合作，她学张老师的春香，学得特别好。她陪我演了几场以后，我们就发现有问题，就是她的女性特征很明显，结果就是观众注意到：我演的小姐是个平胸，

刘甜甜：个头又很高。

金谷：对，而且她的表演虽然从男老师那里学来的，但女孩子做一个动作跟男孩子做一个动作，味道天然就不太一样，所以这两个人像两个剧种在跨界合作，就像国画颜料和油画颜料在一

北京大观园里拍摄的剧照

起画，就会有些不协调。我那时候就想通了一个问题：要想留下男旦这个行当，这样一个艺术风格，就必须要有土壤。

刘甜甜：要创设一个班底。

金谷：对，要创设一个班底，让表演显出纯粹的虚拟，就要把美学统一在这种似与不似之间，实际上就是恢复以往的全男班形式，也就是说舞台上所有的旦角，都是男孩子扮演的，其他行当也都是男孩子。这样，在舞台上，大家就知道它是戏，那么所有虚拟的情况大家就都认同了，就不会在意或关注“这演员是男的还是女的”，这个话题就不重要了。

刘甜甜：就不会跳戏。

金谷：对，就不会跳戏。过去在全男班、全女班分别演出的年代，舞台上，只要你翘着兰花指，掐着腰，眯着眼，就是在演一个小丫头，观众不管你长什么样，像不像女孩子都不重要。所以真正的男旦艺术，不是说男孩子长得像女孩子才可以演的，而是说扮出戏来或是你站在台上，即便大家一看你就是个男孩子，但是你唱起来演起来，他就能忘了你的性别，专注看你的戏。这是很有魅力的一种表演，前提是什么？前提是我们的语法要统一，我们的画风、颜料要统一。所以我就做了这个全男班。北京首演在中国园林博物馆，大家非常的惊讶，从来没见过全男班的昆曲在园子里面，演员不带话筒，以古代纯天然的方式演唱。正式的售票首演是 2017 年的 5 月 21 日，在正乙祠戏楼。第一次贴出去我们也没有专门做宣传，正乙祠戏楼的票价是非常高的，结果竟然还爆满了。因为市场还可以，所以从那个时候一直做到现在。

如果说有什么噱头，就是我们跟民国时候甚至再早的全男班的区别。现在营养好了，演员的身高全都上来了，最初因为我个子很高，所以陆续参与进来的演员也都是一米八左右的。这样在台上呈现出来的那种身高和气质跟以往是不一样的，最早很少有这么高的戏曲演员。

刘甜甜：小姐除了娇俏，她多了更多的英气。

金谷：就是他有在英气和柔媚之间游走的这种两性的美，是一种中庸的美。所以有时候我们在戏曲还有其他艺术审美中要找到一种中庸。那么这种中庸就很有意思，就是我们通过身体在舞台上画画写字一样地去呈现戏曲。

旁白：在金谷看来，全男班是一种美学概念，是为了呈现更为纯粹和精彩的表演。不过虽然道理讲明白很容易，但是要组建全男班却并非易事。虽然戏曲史上出现过一批大师级的男旦，但如今优秀的男旦演员已是凤毛麟角，作为一个民间剧团，想要凑齐昆曲全男班，更是难上加难。

金谷：因为传统戏曲演出不像其他的舞台剧，可以用现代的手段录好音效，现场去播放就可以了，我们首先就有一个将近十个人的乐队要去组建，还需要去一点点地对我们的唱腔。每一场对手戏怎么去走位，大家还要去找地方排练。因为我们不是国家剧团，没有排演场，所以要去借，有些演员还是在校学生，就通过他去借学校的教室排练。演员常常各自都有事情，很难把所有人的时间碰到一起，所以我们就要用零碎的时间，今天跟一个人对这一场戏，明天跟另一个人对另一场戏，最后在台上就要有非

在昆山当代剧院演出素颜版《牡丹亭》后
与观众合影

常大的心量才能不慌，因为演出前我们很难把所有人集中在一起排练。

刘甜甜：并没有走过全场。

金谷：很少走全场，都是零碎地走场子，而在舞台上演，还要保证完整性，所以每一场演出心理压力都很大。我们的压力跟国家剧团还不一样，票房、口碑决定了我们的生死。再一个，大家都不是全职在全男班工作，所以沟通和管理上有很大问题。

刘甜甜：都很自由。

金谷：没有约束大家的点，完全靠相互信任。所以真是细思极恐。有时候我们演出前一天，忽然有一个人说要考试或者有更重要的演出，就把我们这个事推了。我们有的角色没有 B 角可以替换，这个时候就很抓狂。

刘甜甜：最抓狂的一次是什么时候？

金谷：有一次演《牡丹亭》，开场前扮演杜母的演员忽然有事来不了了，临时也找不到人，非常着急。最后演睡魔神的谢毅说："我试试吧，我应该来得及换装，演两个角色。"于是赶紧背词。他前面演完睡魔神以后，赶紧换装，演杜丽娘的母亲。决定换人的时候我已经在台上唱杜丽娘了，所以我不知道这个事，等谢毅上来演杜母的时候杜丽娘是睡梦中醒来，一看到他，我差点没笑场。因为他是丑角演员，又长得特别可爱，圆圆的脸扮成老太太像一个土地婆。（笑）还好杜母在那一场没有唱，只有几句念白，这个演出我们就这样对付过去了。类似这样的突发情况经常会发生。有时候去外地演出，有人没带自己的衣服、鞋子什么的，就现场托人到处去买。我们就是在这种情况下，而且非常少的经费，做了几个戏，然后演了这么多场，但是票房还是略有盈利的，所以还是蛮有信心。我觉得这个事情如果好好做下去，可以挖掘戏曲的市场价值，因为我们的艺术如果不能够放到市场中去的话，它就没有扎根民间的生存能力了。所以真正大家来买票，大家来支持和参与，戏曲才是有生命力的东西。

刘甜甜：它是要形成一个自己的良性循环。刚才你用到一个词叫“对付”，因为这场戏真的是惊心动魄，临时演员出现了状况。那有哪场戏是让你觉得特别精彩？

金谷：好的演出其实挺多的，因为大家都是在认真地做这个事，包括我们很多的参与者，第一次来到我们剧团，都会觉得整个剧团的氛围跟一般的剧团不一样，它没有一些散漫的行为，也没有一些旧梨园习气的东西，因为都是年轻人，大家都为了舞台上那个艺术互相帮助，包括我们人手不够的时候，互相给对方穿衣服啊，检场啊……这种氛围是非常好的，这样的氛围下演员的状态就容易好，就会呈现出一个非常棒的演出。我们的《牡丹亭》光在古戏楼就演了几十场。

刘甜甜：正乙祠？

金谷：对。印象很深的就是全男班一周年演出，正好那天是5月20日，观众席来了很多情侣。我们就想结束的时候做一个什么样的小节目呢？大家已经提前一个月就在想这个事情了，一直到演出前，才想起一个办法，就是我们用昆曲的方式来唱生日歌，乐队里的老先生们一辈子都没有用昆曲演奏过生日歌，刘甜甜：想都没想过。

金谷：对，笛师是我的师兄孙豪，他说我跟各位老师来沟通，当下他把谱子写出来了。演出结束以后，观众知道可能会有什么，因为那天是一周年嘛，他们都没走，大家都在一起合影，后来我们就说有小惊喜给大家，于是所有人跟我们一起，在昆曲乐队的伴奏下唱起了生日歌。特别的欢乐！那是挺难忘的一次演出。

刘甜甜：很多人会很喜欢全男班的一个理由是，首先我们都是很帅气的小伙子，身高一米八，去演这样的一个古老的剧种，会有一种视觉上的冲击力，另外还有一点会让很多朋友非常欣赏你们的，就在于你们会把这样的一个戏曲，除了用它最传统的方式演出来之外，还会用一种讲解加演的方式来帮大家，像解剖一样地去了解每一段词，每一个念白，甚至每一个身形背后所蕴含的意义。为什么想到把《牡丹亭》给大家通过语言的方式来做一个讲解？

金谷：我们在现代社会要让每个人了解并参与进来，就要把戏曲的难度降低，所谓降低并不是说打折扣，而是不要把它神秘化了，其实中国的戏曲在过去就是大街小巷都在哼唱的一个艺术。现在很多人一提到戏曲、芭蕾或者歌剧，第一反应是看不懂，所以就不去看。实际上戏曲里所有的表演都跟观众交代得很清楚，那么这些交代能够有效传达的前提是什么？就是观众需要了解一些关于中国文化、礼仪的常识，这些常识在当代用得很少了。所以我们去跟大家讲戏曲里的这些表演在传达什么，把这些文化背景讲出来，大家就觉得，噢，原来他是这么自然而然地把中国文化呈现在有趣的表演中。所以过去戏是用来教化的，就是没钱读书或没资格读书的人，通过看戏来学文化知识。昆曲是文人的艺术，现在的年轻人文言文的底子都不是很好。他只是感受到了美，就像一个好吃的东西，他只是觉得甜甜的，那么里面有多少层次呢？吃不出来，所以这么好的一个东西，如果不去告诉他怎么吃，怎么去享受的话太可惜了，我们同样是演一遍，如果说我们能够在演出之前把这里面哪些地方是重点去听的，哪些地方的美是诠释何种意趣的，那么观众带着这样的期待去细致地看，可能这一场演出看下来就很值了。走出剧场的时候，你说你看懂了《游园惊梦》，你听懂了昆曲甚至爱上了昆曲，那我们就没白做这些工作。所以在讲解的过程中，百度上有的我们都不需要讲，那我们就是讲跟我们每个年轻人有关的事情。比如说，《牡丹亭》里的爱情观，这里男孩子怎么去表白女孩子，他的套路是什么，大家很感兴趣。那么他是非常儒雅的套路，是中国对于儒雅男子审美的一种最高典范，大家看完了以后会对比自己的行为方式，就会想我们身上缺的中国人的古典美还能不能找回来，男孩子的儒雅、女孩子的恬静、东方人浪漫的示爱……大家在里面各取所需，包括表演的技巧，怎么用气，怎么表演男女，都不当秘方，会在演出之前公布给大家，就像公布游戏规则一样。这样大家就有一个审美标准去看戏，共同参与完成这场戏，演员也都铆足了劲，不敢懈怠，因为讲完了，观众都懂了，戏可不好演。这样观众不光看了戏了，而且还学到了一些有趣的甚至对自己有用的，不只是知识，应该是智慧和中国文化。所以很多观众看我们的《牡丹亭》很多遍，

身段中向上拎和向下沉的力量是一种平衡

因为我们每一次讲的会侧重不一样，演出的感觉也都有些不一样，而且经典的剧目的确百看不厌，因为观众每看一遍都能看到新的东西，那这些都是我们忠实的粉丝了。

刘甜甜：我们经常听到的一句话就是“台上一分钟，台下十年功”。练功的过程，其实是一个很磨炼人，甚至是很辛苦的一个过程，一个念白一个亮相，甚至一个走位都要经过反复的练习，那么从喜欢、热爱到入门、入行，慢慢学习的这个过程当中，你有一些什么样的体会呢？

金谷：戏曲是一个无体不备的非常综合的艺术，既要练嗓子还要练身段，还要学表演，甚至还要去体会文化层面的东西，因为它的唱词是古典文学。所以呢，学戏实际上就是一个非常挑战的事情。最开始的时候就因为喜欢，就一头扎进去了，其实男旦现在只能是非学院派的，所谓非学院派就是不是在科班、学校里面学，学校不收的。那么只能是健在的男旦老艺人在民间以师徒的方式传承，还是以过去的这种方式去学，在学的过程中，我们又没有练功房，就是现在排戏没有，以前学戏更没有，所以人家在操场上跑步的时候你是在跑圆场，如果下大雨刮大风还没法练，只能是在画画的教室或者实验室的阳台练，老师不在的时候就得自己练，跟老师见面再汇报情况，这种上课不像全日制的学习。我们好多东西就要靠自己练，苦是一个方面，主要是我怎么去吃这个苦？什么时候方便练？哪个场地能让我练？

刘甜甜：也是需要自己去想的。

金谷：练戏是需要一定条件的，就像咱们的演播室，它这个墙都是能吸声的，不能干扰隔壁，一般的这种建筑是不行的，而且像戏曲这样穿透力非常强的声音，练唱的时候就得选合适的时间。我们一般都是傍晚的时候唱，午睡的起来了，晚上的还没睡，只有这个时间段可以吊嗓，过去的人都是早上吊嗓子，但是现在上午都不可能，很多年轻人都在睡懒觉的。所以这个时间跟传统的也不一样。但是就是因为喜欢，因为爱，所以会突破很多的障碍走到今天。

刘甜甜：那明天和后天的晚上，全男班将在繁星戏剧村再次上演《牡丹亭》，但是和传统的《牡丹亭》相比，我们这次采用了一种新的方式，叫素颜版，这是一个什么样的版本呢？

全男班素颜版《游龙戏凤》，我饰演李凤姐，张元浩饰演正德皇帝

全男班素颜版《春香闹学》，我饰演春香；李禹恒饰演陈最良；刘超饰演杜丽娘

金谷：素颜版的演出就有点像过去的“帽儿排”，是帽子的帽，演员不上妆，穿戴一些简单的行头，把戏演一遍。过去在宫里皇上会看“帽儿排”。现在我们叫素颜版，实际上就是不扮戏，都是演员本身的模样，我们一上来就全都站在台上了，告诉大家每个人即将演的角色，讲解环节以后，大家在舞台上就穿一件水袖，或系一根腰巾，拿上相应的道具来表演。这样表演是很有挑战的，因为明明都是男孩子，而且个子都那么高，我们要让观众忘了这些，进入到小姐和丫鬟游花园、才子和佳人梦中约会的情景中去。

刘甜甜：而且又没有完全扮上。

金谷：根本就没有扮戏，但是我们每次演出的效果非常好，即便第一次看戏的人也觉得全都看懂了，而且都表示很有趣。通过前面的简单讲解，他们只要看我的程式，是旦角的就知道这是在演女孩子，是小生或老生的就在演男性。没有了妆面和复杂行头的干扰，演员的表演会更加清楚地呈现在观众面前。有个观众演出后专门找到我们的工作人员说：用戏曲的方式把古代男女之间的这种东西表演得这样的极致，非常的惊喜。

戏曲的表演是观众和演员同时完成的。如果不能培养出观众，让观众能够参与进来的话，戏曲是没有路可以走的，因为所谓的这种化石、文物，大师们留下的录像就够了。那我们不是要去改戏曲，恰恰相反，是要把戏曲里面经典的东西诠释给大家看，把它分解开，把它做成元素，然后大家来看的时候呢，觉得每一次看都有收获。我们真正把它转化为对每个人有用的价值，服务于大家。戏曲必须要活在舞台上。

北京大学歌剧研究院讲座选录

2018年3月14日

杨小林老师：我做个一分钟开场白，咱们虽然是学西洋歌剧的，但也要了解中国戏曲。所以前几节课我们粗线条地把戏曲史部分讲过去了。讲到昆曲部分，我们直接请金谷先生来现场连讲带示范表演。昆曲是中国戏曲艺术的巅峰啊，尤其《牡丹亭》。悲秋伤春是中国古典抒情文学的两大主题了，悲秋就不说了，白居易包括两宋以来大家多了。伤春这个主题，描写少女伤春到极致的《牡丹亭》，姹紫嫣红、百花盛开的大花园里边，在杜丽娘来说满目凄凉。对比强烈的反差都通过它的表演来表达出来，昆曲的细腻之处就在这。当然昆曲比较抽象，写意、抒情、诗化。很多人看很多次了，特别细的东西，可能都没有看出来，所以金谷先生你来讲讲。

金谷：

一般我们提到怎么表演戏曲，大家都听过，最基本的就是四功五法：唱念做打，手眼身法步。唱肯定是第一位的，唱戏唱戏嘛。唱里面就教我们怎么去表达。唱念是一家的，都是沟通艺术，这方面跟我们的歌剧是最能够一起交流的。

刚才说到不戴麦克这件事情，不能说戴麦克不对，只能说不戴麦克观众能欣赏到一个原生态的声音，就像无添加有机食品一样。我们也不一定要做主流，但是这个东西存在，希望大家能看得到。中国人演唱的艺术讲究是道家的哲学，要“久”“远”。“久”是什么呢？我们说是发声方法对了以后嗓子能够承受长时间的演唱，而且艺术生命长，到八十岁还能唱。唱旦角的九十岁老头一张嘴，还有少女的味道。大家一定觉得这好神奇，其实是因为我们中国的艺术有传承，有方法，其追寻的味道又是写意传神，不是写实，这样才能超越很多生理条件的限制，让人惊叹。那么这个叫长久的“久”。第二个是“远”。中国戏曲里对于发声有一个要求，叫“打远”，就是唱出声音传得远，这就是不戴麦克的要求。老先生还这么要求，过去咬字都噼里啪啦讲究喷口，嘴唇上使劲儿，这样最后一排的观众才都能听得很清楚，但现在年轻的演员发声方法用声乐的体系改了很多，怕声音喷话筒都不那么使劲儿了，声音经过调音台再“美颜”一遍送到观众的耳朵里。

所以中国的演唱艺术和话筒这个东西有时候说起来是相悖的，因为我们的先人已经把我们的身体研究成一个音响了。但是这个音响是限制观众人数的，过去戏园子都没那么大。现在很大的剧场，必须要扩音设备。

除了这些，戏曲的发声根据不同的人物，还要调整。我举个例子，闺门旦杜丽娘念：“不到园林，怎知春色如许。”（示范）这个声音在音量上不能太大，在音质上要立起来，不能太宽，这样才有少女的味道。我最早学的是京剧，习惯了音量大、音质宽厚，学唱杜丽娘的时候，老师就训我：“你这杜丽娘怎么像个中年妇人？你有嗓子但不能这么用，你只能用一部分，这就是你的格局，你的格调。是想让人家给你金谷叫好？还是给你的杜丽娘叫好？还是给你这门艺术或者你传达的文化叫好？这层面不一样，你要哪个？”那么所谓雅文化，就是我们要放弃一些东西，才能成就我们的雅和我们的价值。所以这个戏里面的“道”是最重要的。

做和打，或者叫做和舞，主要是形体动作上的表演，这块对应的就是五法，刚才说的手眼身法步。手、眼、身、步可以顾名思义，就是手指，眼睛，身躯，脚步，法呢？这个五法是老艺人传下来的说法，很多人说这话概念上有点问题，其他都是身体一部分，法到底是哪？每个人说法不一样，有人把它写成头发的“发”，但头发用得非常少。后来我采访了很多老艺术家，综合下来我发现最合适的一个解释就是：法是道具——穿的水袖、手里的扇子、头上的翎子等身体以外的东西，你的身体怎么控制它？所以法是拿扇子、甩水袖或要翎子的方法，这个大家可以参考。因为没有绝对的解释，主要是方便教学和研究。

那么这个手眼身法步也一样离不开中国的文化——儒释道。

儒家文化要我们做君子。打个比方我们说手，兰花指在古代是男人的专利，女人反而没有资格翘兰花指。这个很奇怪，有人说男人翘兰花指不成娘娘腔了吗？实则不然，我们仔细看过去的读书人，他们自然状态下的手以及拿书拿笔的手都是微微有些参差的，这就叫兰花手，他是儒雅之态。为什么兰花指跟儒雅有关系呢？因为兰是花中的君子，所以男人们学儒把兰当作图腾一样了，处处体现兰花精神：幽香，慎独。兰花在深山里面开放，散发着幽香，无论有没有人欣赏，它就那么高雅地存在着。

再一个就是“中庸”，就像戏曲里的子午相，就是要中正平和。梅兰芳成功在什么地方？就是一个“中”字，不露锋芒，可是内劲儿十足，所有的事都能做得恰到好处，他能代表中国戏曲成为世界三大表演体系之一，他能成为伶界大王，位居四大名旦之首，就是他做人从艺，都是秉承中庸之道。

在儒家来说，“礼”特别重要。现在很多戏曲教学借鉴舞蹈，认为身段越舒展越好看，有些地方也不用云手的内劲儿了。其实戏曲里面有舒展，但是前提是塑造人物。杜丽娘这么压抑的一个古代闺秀大部分时候真的不可以太舒展，因为她是那个时代的人，她就有那个时代的气质。我们不能说时代变了，杜丽娘也变了，她不能变。

传统闺门旦走台步的时候，一步一步用脚尖挑着那个裙子走，裙子前面被勾起来像莲花瓣，所以就步步生莲花。这个裙子要系到脚面以下，后来很多人怕踩把裙子系到脚脖子，脚就踢不到裙子，衣服就没有了纹路，其实在表现这种人物的时候，衣纹上的要求是非常高的，所以衣服长长的很麻烦就得靠功夫去控制，功夫不到就的确很累。短的是不会出事，可是出不来衣纹，不美。因为我们的旦角是包裹的美，内在美不美，就只能看衣服的纹路美不美。所以古典人物雕塑中衣纹的呈现对人物气质的塑造是非常重要的。

释是佛家，佛家的思想体现在具体表演里面讲的是境随心转。比如《牡丹亭》的游园："原来姹紫嫣红开遍"在台上怎么演？就是把在座的各位都当作花花草草，用欣赏和喜爱的目光看着你们，你们随着演员的眼睛传达的思想，也感觉到此刻教室变成花园了，这在戏曲里就叫"造园"。通过虚拟的表演造一个园子给大家看，高处有画廊，低处有池塘，路上满是青苔，再小心翼翼地走过去，哎呀，你就感觉身处其境了。这个需要观众跟演员产生一种共鸣。就是大家共同完成这个境随心转。表演者的内心一定要很干净，才能画出这些美妙的图画来。戏曲演员要像修行者一样不断精进。

我举个京胡的例子，以前京胡都是丝弦的，现在是钢弦，然后为了保护环境蒙的仿生皮，一般水平的人拉这个琴，感觉那声音能把你的心刺道口子，听不了。有一次做京胡教学片，八十多岁的京胡演奏家王鹤文老先生演奏的胡琴美极了，学生觉得老师的胡琴好拿过来一看，也是钢丝弦的，学生再一拉听者就想跑。同一个琴，看你能不能降得住。裴艳玲先生在晚会上就穿个小褂儿，随便比画几下《夜奔》，就让人觉得太美了。她那个岁数腿也踢不到这了，但是她的气韵太好了，我想大部分人都能感受到那种气场，就是中国艺术打磨到顶端的时候，什么都不用说，艺术家眼睛里的坚毅和自信就足够感染你。那到这个境界，戴不戴话筒、用什么样的服装、化妆如何都不重要了，因为它的能量已经超越了所有外在的东西，那是最高级别的。

中国人从小时候玩过家家开始，就懂虚拟表演了，所以我说每个人都有浪漫的本质和演戏的天分。过家家有什么呀，小时候都玩过。什么谁做爸爸，谁做妈妈，演爸爸的还得找个口袋拎着上班去，演妈妈的还问一句：东西都带齐了吗？（笑）都玩儿过。玩上街买菜，把那个最漂亮的树叶收集起来当钱；玩做菜，就拿那个鹅卵石当鸡蛋……可会玩了。这就是所谓的虚拟表演。大人看着觉得可乐，但小孩天生就会，时间空间可以任意转换，这其实就是戏曲的舞台艺术。大概一般人的印象中，戏曲是那些伟大的艺人为了生存练就的一身绝活。其实这些只是表象，戏曲就是来自自然的东西。好多人开始来学戏曲，都问我他能行吗？唱歌都跑调，或者说从来没学过表演，真学了以后发现没有那么难。我们去学戏曲就是挖掘自己身上自然的本性罢了。

道家，本土文化。“一阴一阳谓之道”，“一生二，二生三，三生万物”就什么都有了，舞台上就能创造一切。我就说坐，女性并腿拧身，男性外八、子午相。（表演坐姿）所以我们在生活中气质也是一样的，就是你想表达出阴柔的东西，还是想表达出阳刚的东西，还是想中庸？简单说就是阴阳。比如表演女孩子，气得收着，往内是阴，男孩子气就得舒展着，往外散的，是阳的。中国人把原始性别特征就这么塑造了。所以刚才您问男人怎么演女人，吸一口气，闷气，你们试试，闷气马上就媚了，就是阴阳的“阴”啊，一往外散气，他就阳了。但是人是复杂的生物，不是就一阴一阳两种，这就是说怎么通过这简单的道理搭配衍生出不同的人物性格来。有时候一个人骨子里是男是女，跟他外在的表象气质

表演偷听时眼虚耳实

表演偷看的虚拟程式

没关系。比如春香和杜丽娘，你们看春香如果这样一味地闷气，她马上就邪了。她是：我去玩去喽！她是小孩，很多东西是往外的。杜丽娘就是："他怎么来了？我想看他一眼，哎呀，不能看。"杜丽娘千万不能："啊！我喜欢你！"这就完了。

过去科班里分行当，说这男孩比较秀气，让他唱旦角吧，那这个男孩骨子里就很女人吗？不是那样的，其实好的角儿骨子里都很爷们儿。我举个例子，有个唱旦角的老先生叫陈永玲，生活中看起来有些女人的气质，可是你知道他骨子里有多霸气。特殊年代不让他唱戏了，劳动改造的时候每天跑步，他就练圆场，管事的问他：你怎么这么跑步？他说我不会别的。在农场采摘的时候，他编出各种舞蹈动作在那摘果子，人家都觉得这人是个疯子。后来恢复传统戏了，他回到了舞台上，风采依旧。因为他练功没有断过。他平时看起来很文弱，可是到了台上演戏的时候，那种吸引全场眼球的魅力，那种艺术处理上的准确度，帅极了。观众会觉得这个人太有气场了。虽然演的是女人，但是比旁边演男人的还霸气。所以阴阳是辩证的。

（讲解并示范表演《牡丹亭·游园》）

杨小林老师：歌剧就是我刚才说那个，比较写实，戏曲大家注意到了吗？咱们看歌剧或者其他音乐剧什么的，都有舞美的变化，唯独传统戏曲尤其昆曲，舞台上大白光一给，什么都没有，但是就通过表演，就把你带入大花园里，这是荼蘼架，那是牡丹花，完全靠唱念身段的表演意会，形象思维，把大家给带入。

同学：歌剧我发现了，这个花钱最多的就是布景。

蒋一民院长：现在你到西方去看歌剧，不知道是不是学中国，也开始虚拟化了，有人说是为了省钱。但是我觉得在某种程度是学中国。从布莱希特开始，他觉得中国戏曲非常重要，然后现在有一个趋势，就是把中国这个艺术吸收过去西洋化了，叫简约主义，省钱了。我看中国京剧也弄了好多改革，布了很多实景，这个是不行的。西洋歌剧也是，剧情我早就知道，我到这是看你演戏啊，我就是听你唱的，这个中西都差不多一样。但是呢这个西洋的唱法就是实的，标准不一样，中西的差别。

同学：哪个唱法不一样呢？

金谷：中国的这个唱法，是以字行腔，字在腔之前，所以他注重五音，就是他每个音的发声位置不一样，是唇齿喉舌牙，不断切换，再配合不同位置的共鸣。

蒋一民院长：西洋应该说也有，没有这么讲究，就意大利那五个元音，练好了。但是西洋那种唱法，中国人唱中国歌就不对了。以前我刚进音乐学院，老先生是民国的，他没有把中国那个咬字找好位置，就是用意大利的办法找元音位置。一个中国字，它没有元音，非给你唱个元音，为什么会跑调，就是因为这个。但现在重视很多，北大就是西洋的吸收戏曲的咬字。唱西洋歌剧，它本身就是多音节的，没有头腹尾音。所以有时候你觉得不太清楚，但是顶尖的你注意听，他咬字也非常清楚。就说明还是有共同之处。

同学：蒋老师，那我们这个昆曲是不是不分中低高音？

蒋一民院长：对，不一样，昆曲分行当。欧洲不按行当角色分个高中低，他们自己觉得貌似很科学啊。但是德国吸收了中国的东西，每一个高音区都吸收了行当的感觉，具体根据角色来划分的。其实我觉得是非常好，这个启发可能是布莱希特这来的。就说我发现我这个高中低，还不是很科学，我从中国这学了行当，每个角色他唱什么，现在分得非常细。

同学：我们中国是怎么分的行当？

金谷：一般说生旦净丑，生旦是说性别，净丑是说性格。生里面再分老生、小生、武生什么的。

同学：老生就是男高音？

蒋一民院长：类似的吧。

金谷：他是分大小嗓，戏曲不分高低音，你比如生行，老生他叫大嗓。旦角我们刚才唱的叫小嗓，还是阴阳的东西。这个声乐里是把小嗓叫假声，对吧？

蒋老师：假声。

金谷：他实际上跟小嗓是两回事。小嗓唱出来，非常实，它不假。就刚才唱念的那些小嗓的东西，是很浑圆的，非常真实的声音，不是虚的。它分大小不分真假，那么这个大小嗓结合运用来表现性别和性格。男人比如老生，他就是大嗓；女人，旦角儿，用小嗓；小孩，不管男孩女孩都用小嗓；那么男人从小孩到成年之间，是变声期，有了肾气，大嗓就出来了，一半大嗓一半小嗓，就是小生，所以戏里面新郎官都是这样喊娘子：娘（大嗓）子（小嗓）。（示范）

同学：那我觉得还是中国的科学点儿。

蒋一民院长：对，所以说中西那个差异还是很大。

同学：西洋歌剧有没有念白一说？

蒋一民院长：没有，没有中国的念白。如果要跟中国这个韵白找接近的话，就找宣叙调，否则的话，平时说大白话有很多，就是像丑角的那种京白似的，不讲韵。外国的这个歌剧它有对白的时候，就是日常讲话。咱们中国过去的民族唱法里面也有与对话结合。

同学：老师，我有个问题，刚才演就是只占着这么一小块地方，要是到大的舞台会为了适应舞台做一些改变吗？还是说戏曲的手眼身法步都是固定的，不论舞台多大，都是这一小块？

金谷：这个问题很高级，问到点上了。那天我们雅集的时候，也有人问这个问题。刚才杨老师说的没有布景灯光，大家被演员吸引，为什么？就是这个：演员的手。如果我想说那有个东西啊，我先做看的动作，然后手画一个圈，（表演）你的眼睛肯定跟着我的手走，这手就是推拉摇移镜头，给到哪，观众就看到哪。如果我脸上有一个表情很重要，手会先到脸边上。这个里面的动作过程很重要，如果是这样，手拿起来就指，感染力不强，当然生活化的话剧只能就这样指，戏曲呢？是我要你们“随着我的手儿瞧”，（示范画圈动作）这个过程是什么意义？就是拢神。我跟舞台上的对手演戏也是，“顺着我的手儿瞧”，就把他的神带过来，他也就好做戏了。

虚拟表演是通过你肢体的幅度形成一个空间，所以刚才那个荼蘼架在哪呢？绝对超过这堵墙，在墙后头。这就是超越空间了，我破了这堵墙。那么舞台大的话，我很可能就是比这个跑得远，你说几步？没法说，这个中国人就怕量化，你说指荼蘼架就五步，多一步少一步不行，那叫搞艺术权威。那么中国艺术要求的是什么呢？意思对。该往前你不能往后，这是基本的道，但不是按量去数着来，一定是灵活的，自由的。也就是说我只有两平方米的地儿，我也能演一出戏，你一样看得津津有味。就我们俩面对面坐茶馆里聊天，不能站起来影响别人，也可以坐着给你一个人表演一遍，照样远处近处，身上脸上的戏能感受得到。那么在大剧场就是调度大一些。

蒋一民院长：但是要在音乐尺寸里。

金谷：对，节奏，节奏对了就行。

同学：灵活度一定是非常大。

金谷：对，所以这个传承很重要，老师要求你一张嘴一做动作就是那个人物，不管谁在看你，都不要有杂念。在这整个的过程中，就是一个人的定性，这个定性跟变性是同时存在的，如果你不能变，你就定不了，环境在变，这就是我们说的顺势。无为就是无所不为，顺着这个大自然环境，顺着它走，就像是水一样，你就说水它到不同容器里就变好几个形状，但不改变自己的本质。

蒋一民院长：从心所欲不逾矩。

金谷：但这个的确需要很长时间来训练，不逾矩很难。一放松马上就出去了。

同学：这不是七十岁才有的境界吗？对吧？

金谷：咱就说追求这个境界，从一开始学，中国的艺术就要求眼要高，手可以先低，你看得见那个山峰，你成长得就快，因为你的目标高。所以这是中国人学习上的一个方法。

蒋一民院长：登高望远，澄怀观道！

同学：很有收获，非常感谢！

美国纪录片《面子》采访选录

2016年5月28日

Howie Southworth：为什么戏曲的化妆这么隆重？

金谷：化妆的时间很长，这同时是演戏之前静心的一个仪式，慢慢把“我”去掉。化上妆以后，我知道那是一个很神圣的东西，而且在那期间，我和看我唱戏的人，灵魂都能得到一个洗涤。台上那么短时间的美，其实准备过程是漫长的，每一个人的人生也是一样，努力的过程非常长，最后的绚烂就那么一刹那。它的意义就在于这个。

Howie Southworth：你是如何做戏曲文化推广的？

金谷：戏曲是中国传统艺术的一个集大成者，它能够表现中国艺术中的音乐、舞蹈、表演、美术等很多层面的东西。同时戏曲是我们的国粹，它蕴含的智慧非常了不起，是对所有人类都会有借鉴作用的一种智慧。我希望尽我最大的努力，以不同的形式，把戏曲中最精华的部分——“道”的层面做一个呈现、传播和传承。

Howie Southworth：快节奏的社会还需要戏曲吗？

金谷：社会的发展非常快速，所有人的节奏也都非常快，反而在这个时候我们需要传统文化，发展快反而是好处，因为我们的信息和文化的传播也会快。近几十年，中国人的生活发生了翻天覆地的变化，现在物质条件非常的好，大家对于传统文化和真正的智慧越来越关注。对我而言，戏曲能解决我人生中遇到的很多问题。同时，很多学习戏曲的人也都发生了很大的变化，他们越来越喜悦了。戏曲是我们老祖宗留下的有价值的好宝贝。

Howie Southworth：有人会觉得你做的事情奇怪吗？当别人不认可你，怎么办？

金谷：因为我做的这个工作是最传统的中国国粹，所以会有部分人表示不是很懂，但是并没有人会觉得奇怪。中国有一句话叫“大丈夫能屈能伸”，任何状况都不是最终的结果，所以事情一定要放到历史的长河里去检验，而不是纠结在一段时间的格局里。

Howie Southworth：你觉得困难是什么？

金谷：从个人来讲，我一直告诉自己没有困难。实际上不管做什么，都是有困难的，但是在走的过程中，必须要告诉自己，“没有困难，什么问题都是可以解决的”，这样才能走得下去。做这件事的时候会尽量少地看负面的东西，更多看到的是快乐。因为现在是多元化社会，鱼龙混杂，什么都有。这时候反而应该坚守在自己的位置上。一旦不乐观、不想再坚持了，那么一切就都会是困难。

Howie Southworth：戏曲给你最大的幸福感是什么？

金谷：这跟爱人一样，她即便什么话都不说，只是坐在那里，我都是幸福的。

后记

这本书能够顺利出版，要感谢很多师友给予的无私帮助！

著名书画家戈宝栋先生为本书题写书名；我的姑父张文凯先生以及恩师张卫东先生在文字上提出了详细的调整意见；好友李李在图片挑选和视觉设计上给予了很多细节的建议。

赵骞、傅雪、Claire 等朋友拍摄的很多台前幕后的照片用在了书中；李军莉、王雅玲、胡晓荷、杨立红等参与了录音文字整理；王玉、李雪莲、周立华、郑琰、楚珺、肖楠、万战翔及刘雯夫妇、代云华、赵蔚、王雅玲、冀静娴、由小丽、王春红、宋慧丽、皮立君、宏芳、李丽红、和合、刘爽等朋友在书籍的出版上提供了资金和渠道方面的帮助；工作室的柴薇女士在这本书的几乎每个环节都做了大量的工作。还有一些支持了本书出版的朋友，不愿在书里提及姓名，这里也都一并表示诚挚的感谢。

我常常在讲课中说出一些自己都惊喜的话来，这些都是在教学中与同学们碰撞出来的，我想作为一个人是很渺小的，他的能力全是上天赐予的，只有做对大家有用的事，上天才不会收回这个能力。没有大家的认可和支持，我也就没有机会做自己喜欢的事业了。所以说这本书真的是靠大家一起完成的。

最后还要感谢阅读完这本书的您，传播文化是大家一起才能完成的事情，希望更多人能够进入我们的大家庭，把我们祖先留下的好玩意儿分享给更多的朋友！

金谷

2019 年 5 月 1 日